Avocats, magistrats et réseaux sociaux

Logiques Juridiques

Fondée par Gérard Marcou
Dirigée par Thomas Perroud

Le droit n'est pas seulement un savoir, il est d'abord un ensemble de rapports et pratiques que l'on rencontre dans presque toutes les formes de sociétés. C'est pourquoi il a toujours donné lieu à la fois à une littérature de juristes professionnels, produisant le savoir juridique, et à une littérature sur le droit, produite par des philosophes, des sociologues ou des économistes notamment.

Parce que le domaine du droit s'étend sans cesse et rend de plus en plus souvent nécessaire le recours au savoir juridique spécialisé, même dans des matières où il n'avait jadis qu'une importance secondaire, les ouvrages juridiques à caractère professionnel ou pédagogique dominent l'édition, et ils tendent à réduire la recherche en droit à sa seule dimension positive. À l'inverse de cette tendance, la collection « Logiques juridiques » des éditions L'Harmattan est ouverte à toutes les approches du droit. Tout en publiant aussi des ouvrages à vocation professionnelle ou pédagogique, elle se fixe avant tout pour but de contribuer à la publication et à la diffusion des recherches en droit, ainsi qu'au dialogue scientifique sur le droit. Comme son nom l'indique, elle se veut plurielle.

Dernières parutions

Myriam CARESSA et Christophe DOUBOVETZKY (dir.), *Langue(s) et droit(s). Enjeux et paradoxes en France*, 2025.
Gabrielle BEGUIN, Nina LASBLEIZ et Jérôme PRÉVOST-GELLA (dir.), *Standard contre standards, Réflexions sur une catégorie juridique en droit public*, 2025.
Brune Laure DUGOURD, *Les organismes de titrisation*, 2025.
Christophe DELATTRE, *Le ministère public et la prévention des difficultés des entreprises*, 2025.
Alessio BELLI, *La citoyenneté sociale à la recherche d'un nouvel imaginaire normatif. L'héritage oublié*, 2025.

Bastien Carpentier

Avocats, magistrats et réseaux sociaux

L'Harmattan

Ouvrage sous la direction de Stéphanie Grayot-Dirx, professeur des universités à l'Université Bourgogne Europe et directrice du master II droit processuel.

5-7, rue de l'École-Polytechnique – 75005 Paris
www.editions-harmattan.fr
ISBN : 978-2-336-52503-7
EAN : 9782336525037

REMERCIEMENTS

J'adresse mes remerciements à ma directrice de mémoire, Madame le professeur Stéphanie GRAYOT-DIRX. Je suis reconnaissant de sa patience, de ses conseils et de son accompagnement tout au long de l'année universitaire.

SOMMAIRE

INTRODUCTION

Le procureur général près la Cour de cassation Rémy Heitz[1], le premier vice-président du Tribunal Judiciaire de Paris Fabrice Vert[2], l'ancienne présidente du Conseil National des Barreaux maître Christiane Féral Schuhl[3] et enfin l'avocat au Barreau de Paris maître Avi Bitton[4], partagent un point commun. Au-delà du seul fait qu'ils font tous partie de la communauté judiciaire, étant des professionnels du droit, chacun de ces magistrats et avocats est également présent et actif sur les réseaux sociaux. Cette liste n'est pourtant pas exhaustive tant une simple recherche sur ces réseaux permet de mettre en lumière des centaines de comptes de ces professionnels du droit, en définitive connectés.

Dans le domaine des sciences sociales, la notion de réseau social peut se définir comme « *l'ensemble des liens d'amitié et de connaissance entre individus qui se reconnaissent un statut social à peu près égal* »[5]. Or, depuis les années 2000 et avec le développement d'internet, cette notion a été réinventée et a reçu une autre définition. Désormais, un réseau social correspond à « *une plateforme de communication en ligne permettant à ses utilisateurs de publier les contenus de leur choix et de les rendre ainsi accessibles à tout ou partie des autres utilisateurs ayant des*

---

[1]@remy_heitz_pg sur Instagram, 2 975 abonnés.
[2]@Farbrice Vert sur LinkedIn, 23 803 abonnés et plus de 500 relations.
[3]@Christiane Féral-Schuhl sur LinkedIn, 19 331 abonnés et plus de 500 relations.
[4]@Avi_Bitton sur X, 7 189 abonnés.
[5]Boursin. L., Puyfaucher. L., *Le média humain – dangers et opportunités des réseaux sociaux pour l'entreprise*, Paris, Eyrolles, 2011, 241p.

intérêts communs »[1]. C'est ainsi que de nombreuses plateformes, aussi dénommées réseaux sociaux, sont apparues et se sont développées dans le paysage d'internet. Il convient de citer la création du réseau social LinkedIn en 2003, qui est un réseau de contacts professionnels. Aussi, il faut songer à la plateforme Facebook, créée en 2004, permettant la construction d'un réseau de contact généraliste. Ou encore au réseau social Twitter, devenu X en 2023, qui peut être présenté comme une plateforme de discussions et de publications. Enfin, d'autres plateformes ont aussi vu le jour, à l'image de Snapchat et Instagram en 2010, ou de TikTok en 2016. Ces dernières permettent là encore la construction d'un réseau de contacts et le partage d'informations, d'images, de vidéos[2]…

Quel que soit le nom du réseau social, force est de constater que ces derniers participent tous aux mêmes finalités et offrent à leurs utilisateurs les mêmes fonctionnalités. Chaque membre de ces réseaux est à même de pouvoir communiquer avec les autres utilisateurs, d'échanger des opinions, de dévoiler sa vie privée et professionnelle ainsi que de réagir aux publications des autres membres. Un réseau social est pour ainsi dire un réel « *canal de communication* »[3]. Et le succès de ces réseaux n'est plus à prouver. D'après une étude réalisée en 2023, ces derniers regroupent plus de 4,5 milliards de membres à

---

[1]Rapport de la mission « Régulation des réseaux sociaux – Expérimentation Facebook », Secrétaire d'État en charge du numérique, mai 2019, p8 ; Groupe de travail « article 29 sur la protection des données, avis 5/2009 sur les réseaux sociaux en ligne », Comité Européen de protection des données, 12 juillet 2009.
[2]Guide sur la « communication des tribunaux et autorités judiciaires de poursuite pénale avec le public et les médias », Commission européenne pour l'efficacité de la justice, 4 décembre 2018.
[3]Creux-Thomas. F., « L'avocat, un influenceur qui s'ignore ? », *JCP G*, n° 37, 2023, p. 1581.

travers le monde[1]. En France, plus de deux tiers des Français sont présents sur ces plateformes[2]. Que ce soit en leur qualité de citoyens, mais également de professionnels, les magistrats et les avocats ont également été confrontés, très tôt, à l'apparition de ces plateformes. En effet, alors que certains magistrats et avocats ont décidé de s'inscrire sur ces réseaux sociaux dans le cadre d'une utilisation relevant uniquement de la sphère privée, d'autres ont en revanche décidé d'apparaitre sur ces plateformes *ès qualités*. De même, alors que certains ont décidé d'apparaitre sous leurs vrais noms, d'autres ont en revanche décidé d'utiliser des pseudonymes. Il n'en demeure pas moins que nombre de magistrats et d'avocats ont fait le choix d'investir ces plateformes. Des auteurs le reconnaissent, « *droit et justice se montrent* »[3] de plus en plus, y compris sur les réseaux sociaux.

Les prochains développements se concentreront sur les magistrats, compris comme « *toute personne relevant de l'ordre administratif ou judiciaire et investie d'une charge publique comportant soit un pouvoir juridictionnel, soit le pouvoir de prendre ou de requérir des mesures en vue de l'application des lois* »[4] et les avocats, ces « *auxiliaires de*

---

[1]We are social - une agence conseil en communication née de l'ère du web social [consulté le 1er octobre 2023] https://wearesocial.com/fr/blog/2023/07/les-derniers-chiffres-du-numerique-juillet-2023/.

[2]Enquête « les Français et la fatigue informationnelle », Fondation Jean Jaurès et observatoire société et consommation, août 2022 [consulté le 27 février 2024] https://www.jean-jaures.org/wp-content/uploads/2022/07/fatigue-informationnelle.pdf.

[3]Terré. F., Molfessis. N., *Introduction générale du droit*, Paris, Dalloz, 13e édition, 2021, 829p.

[4]Cornu. G., Vocabulaire juridique, 10e édition, *collection PUF*, janvier 2014, V° « magistrat ».

justice ayant vocation à assister, représenter et défendre les intérêts d'un judiciable »[1]. Les avocats aux conseils seront exclus du propos.

Les réseaux sociaux se sont imposés, au fil de leur évolution, non seulement comme de « *nouveaux espaces de communication et d'échanges* »[2], mais aussi comme des supports permettant l'expression directe[3]. Ces derniers permettent de « *libérer la parole de milliards d'individus* », alors à même de « *partager des opinions, des affinités, des sentiments* »[4]. Ces mêmes plateformes sont également présentées comme de « *formidables vecteurs de savoirs, de connaissances* »[5]. Il ressort donc que les réseaux sociaux peuvent justement être caractérisés comme des espaces d'apprentissage, de publicité et de valorisation de l'activité des professionnels du droit. Des promesses tellement enviables, en théorie, que même le Conseil National des Barreaux a voulu évoluer avec son temps et a proposé, dès 2013, le réseau social Vox Avocat réservé à la profession d'avocat[6].

Pourtant, afin de mettre en perspective cette vision des plateformes, il faut ici rappeler que ces dernières font aussi

---

[1]Puigelier. C., Dictionnaire juridique, 3e édition, *collection Paradigme*, août 2020, V° « avocat ».

[2]Brugère. S., Ganier-Raymond. N., « Liberté, respect, confraternité », *Bulletin du Barreau de Paris*, octobre 2020.

[3]Rapport de la mission « Régulation des réseaux sociaux – Expérimentation Facebook », Secrétaire d'État en charge du numérique, mai 2019, p. 8.

[4]Féral-Schuhl. C., « L'influence des réseaux sociaux sur le droit ? », *Dalloz IP/IT*, 2022, p. 177.

[5]Guigou. E., « Présentation du rapport sur la présomption d'innocence », *D.*, 2021, p. 2224.

[6]Babonneau. M., « Réseaux sociaux d'avocats, une nouvelle occasion pour la profession de se quereller », *Dalloz actualité*, 6 novembre 2013 [consulté le 15 octobre 2023].

l'objet de nombreuses critiques. En effet, un réseau social est également présenté comme étant un espace qui « *se nourrit de post-vérité* », à travers lequel règne un besoin d'instantanéité, où « *la réaction émotionnelle est immédiate voire hystérique* »[1]. Dès lors, rien ne prédestinait les avocats et les magistrats à investir eux-mêmes ces plateformes. Les réseaux sociaux apparaissent aux antipodes du comportement attendu et des valeurs de ces professionnels. Alors que la Justice en général et les professionnels du droit en particulier ont besoin de temps et sont astreints au secret, les réseaux sociaux quant à eux promettent et permettent une parole immédiate ainsi qu'une large diffusion des propos. Pourtant, un tel engouement pour les plateformes n'est plus à prouver. A cet égard, chaque mois, de nouveaux comptes de magistrats, d'avocats ou encore d'institutions ou d'organes professionnels sont créés sur les réseaux sociaux. L'investissement de ces professionnels sur les plateformes est en augmentation constante. Nul doute que les nouvelles générations d'avocats et de magistrats ne soient étrangères à un tel succès, en ce qu'elles ont grandi avec ces réseaux sociaux[2].

Une telle présence, exposition et utilisation des réseaux sociaux par les avocats et les magistrats ne doit cependant pas faire oublier que ces derniers ne sont pas, étant donné leurs fonctions ou leurs activités, des utilisateurs comme les autres. En effet, ils sont astreints au respect de nombreux devoirs déontologiques et obligations professionnelles. La déontologie, du grec *deon* et *logo*, qui signifie « *la*

---

[1]Defferrard. F., « Réseaux sociaux et professionnels du droit : le risque pénal », *Dalloz IP/IT*, 2019, p. 471.

[2]Beignier. B., Villacèque. J., Volff. J., *Droit et déontologie des magistrats*, Paris, LGDJ, 1er édition, 2022, 339p ; Kebede. E., « Comprendre les ressorts de la nouvelle génération d'avocats : une stratégie gagnante », *Revue pratique de la prospective et de l'innovation*, n° 2, novembre 2022, p. 52.

connaissance de ce qui est juste et convenable »[1], organise de nombreuses professions. En ce sens, elle correspond à « *l'ensemble des règles morales et juridiques qui doivent régir une profession donnée* »[2]. Les avocats et les magistrats se doivent de respecter cette déontologie. Historiquement issue d'usages et de coutumes, cette déontologie s'est au fil du temps inscrite de manière textuelle[3]. Nombreux sont en effet les textes qui, aujourd'hui, regroupent les obligations professionnelles des magistrats et des avocats. D'ailleurs, ces mêmes textes ont pu évoluer au fil du temps afin d'intégrer et de traiter la thématique des réseaux sociaux. Au-delà d'une seule responsabilité disciplinaire en cas de violation de leurs obligations déontologiques, chaque avocat et magistrat demeure responsable pénalement et civilement de ses actes. C'est alors qu'une forme de régulation s'est peu à peu imposée d'elle-même et effectivement développée afin de contrôler et d'encadrer leur présence sur ces plateformes.

Cette régulation a pu également être accompagnée de nombreux efforts sur la formation de ces professionnels et sur la mise en place de structures, lesquelles ont vu leur champ de compétence évoluer afin d'y intégrer la thématique des réseaux sociaux. Cependant, des limites subsistent. Assurément, cette régulation, somme toute nouvelle sur le thème des réseaux sociaux, demeure en construction. D'aucuns considèrent cette dernière comme inaboutie ou encore inachevée. Une telle exposition des magistrats et des avocats sur les réseaux sociaux ne fait en

---

[1]Alland. D. et Rials. S., Dictionnaire de la culture judiciaire, 1er édition, *collection PUF*, octobre 2003, V° « déontologie ».
[2]De Lamaze. E. et Pujalte. C., *L'avocat, le juge et la déontologie*, Paris, Presses Universitaires de France, 1er édition, 2009, p. 2-3.
[3]Moret-Bailly. J. et Bortoluzzi. J., *Déontologie de l'avocat*, Paris, Presses Universitaires de France, 1er édition, 2023, p. 24-25.

aucun cas l'unanimité aussi bien du côté des auteurs, des observateurs que du côté des praticiens eux-mêmes. Elle se retrouve, encore aujourd'hui, discutée du point de vue de sa pertinence. A cet effet, nombreux sont les arguments présentés en faveur d'une telle présence, mais aussi en faveur de la reconnaissance d'un réel danger.

Lorsqu'il s'agit d'évoquer le sujet de la présence des magistrats et des avocats sur les réseaux sociaux, il est également nécessaire de s'intéresser aux enjeux que cette dernière représente. En premier lieu, l'exposition et la participation de ces professionnels du droit sur les plateformes s'inscrivent dans le cadre de leur liberté d'expression. En effet, comme il le sera démontré *infra*, avocats et magistrats bénéficient de ce droit à la liberté d'expression. Il faut encore préciser que la liberté d'expression peut être susceptible d'abus de la part des professionnels. Cette liberté vient également encadrer le régime juridique de la présence des avocats et des magistrats sur les réseaux sociaux. En second lieu, l'utilisation des réseaux sociaux par les magistrats et avocats est également à mettre en lien avec l'enjeu de confiance en l'institution judiciaire et en ses acteurs. A cet effet, il ne fait aucun doute que la Justice en général, mais aussi les professionnels qui interviennent à son service, souffrent, depuis plusieurs dizaines d'années maintenant, d'une profonde crise de confiance de la part des citoyens. D'après un sondage réalisé par l'Institut Français de l'Opinion Publique, en 2019, 53% des Français ont déclaré faire confiance à la Justice[1]. C'est ainsi que près de la moitié des Français ne partage pas cette position et éprouve un

---

[1]Sondage Institut Français de l'Opinion publique, « Les Français et la justice », octobre 2019 [consulté le 20 octobre 2023] https://www.ifop.com/wp-content/uploads/2019/10/116723-Rapport-LEX.pdf.

sentiment de méfiance à son égard, mais aussi à l'égard des avocats et des magistrats. Or, une communication de la part non seulement de l'institution judiciaire sur les plateformes, mais également des communautés juridiques, composées de magistrats et d'avocats, pourrait tout à fait participer au regain de cette confiance en partie perdue. Dès lors, il apparaît opportun de se demander quels sont le régime juridique et les intérêts de la présence des avocats et des magistrats sur les réseaux sociaux. Avant d'envisager la question de la pertinence d'une présence des magistrats et des avocats sur les réseaux sociaux (Chapitre 2), il convient de présenter le régime juridique applicable à une telle exposition (Chapitre 1).

CHAPITRE 1 : UN REGIME JURIDIQUE INACHEVE

Le régime juridique de la présence des magistrats et des avocats sur les réseaux sociaux appelle non seulement à s'intéresser à la régulation par la déontologie (Section 1), mais aussi aux autres formes de régulation (Section 2).

Section 1 : La régulation par la déontologie

Il conviendra de s'intéresser d'abord à la déontologie de l'avocat (Paragraphe 1), puis à la déontologie du magistrat (Paragraphe 2).

Paragraphe 1 : La déontologie de l'avocat

Avant de voir l'état actuel de la déontologie de l'avocat sur les plateformes (B), il semble qu'il faille observer le lent développement de cette dernière à travers le temps (A).

A : Le lent développement de la déontologie

La déontologie des avocats a connu une longue adaptation pour traiter de la thématique des réseaux sociaux. Comme de nombreux professionnels, les avocats sont soumis, du fait de leurs activités, à des obligations déontologiques. Pourtant, à l'arrivée des réseaux sociaux au début des années 2000, aucun texte de la déontologie des avocats ne prévoyait spécifiquement de règles quant à une potentielle présence et un potentiel usage de ces derniers par les avocats[1]. En effet, en 2005 et concomitamment à

---

[1]Lebescond. A., « Communication des avocats sur internet - Questions à Christiane Féral-Schuhl », *La lettre juridique*, mars 2010.

l'apparition des premiers réseaux sociaux, un nouveau décret a vu le jour et s'intéressait spécifiquement à la déontologie des avocats[1]. Or, force est de constater qu'à son entrée en vigueur, aucune mention spécifique relative aux plateformes n'était présente. Assurément, au moment de l'entrée en vigueur de ce texte, bien qu'il n'existe pas de données chiffrées à ce sujet et pour cette période, l'usage des premiers réseaux sociaux par les avocats devait être de faible intensité. Cependant, il y avait dès lors un vide déontologique à cet égard. Quelques dispositions pouvaient néanmoins être interprétées et pouvaient laisser penser que les obligations déontologiques trouvaient à s'appliquer également sur les réseaux sociaux. A cet égard, l'article 1er de ce décret précisait que « *les principes essentiels de la profession guident le comportement de l'avocat en toutes circonstances* ». Ainsi, il était loisible d'interpréter le fait que ce terme faisait référence aux plateformes. Comme a pu le dire un auteur quelques années plus tard, « *sa déontologie accompagne l'avocat partout où il exerce* »[2]. Sans confirmation explicite de la part des textes, l'avocat semblait donc tenu au respect des principes professionnels et déontologiques de la profession d'avocat, y compris sur les réseaux sociaux. De même, au regard de l'ancien article 15 du même décret, dans sa version du 16 juillet 2005, il apparaissait en filigrane que l'avocat ne pouvait utiliser les réseaux sociaux afin de faire sa publicité. En effet, le texte interdisait formellement aux avocats « *toute forme de démarchage* » ainsi que « *toute offre de service personnalisé* ». En dépit de ces seules interprétations, il ne relevait pas de l'évidence pour les avocats de connaitre

---

[1]Décret n°2005-790 du 12 juillet 2005 relatif aux règles de déontologie de la profession d'avocat.

[2]Assier-Andrieu. L., *Les avocats. Identité, culture et devenir*, Paris, Lextenso éditions, 2011, p. 43.

exactement ce qu'ils avaient le droit de faire ou non sur les réseaux sociaux, au nom de leur déontologie.

Puis, le Règlement Intérieur National a été adopté par le Conseil National des Barreaux en 2007[1]. Mais là encore, aucune mention spécifique aux réseaux sociaux n'était présente. Les avocats et les auteurs étaient alors invités une nouvelle fois à lire entre les lignes et à interpréter ces textes afin de dégager des règles applicables à une quelconque activité sur les plateformes. A cet égard, ce Règlement reprenait la formule « *en toutes circonstances* »[2] qui laissait croire encore à une applicabilité des principes déontologiques sur les plateformes. De même, l'article 2 du Règlement, qui était relatif au secret professionnel, précisait deux choses. La première était que ce dernier avait pour caractéristique d'être « *général, absolu et illimité dans le temps* ». De plus, ce secret devait non seulement être respecté par l'avocat lui-même, mais aussi par toutes les personnes « *qui coopèrent avec lui dans son activité professionnelle* ». Si bien que, par interprétation, l'obligation du secret professionnel de l'avocat trouvait également à s'appliquer sur les réseaux sociaux, quand bien même l'avocat ne gérait pas personnellement son compte. Enfin, le Règlement Intérieur National prévoyait des dispositions spécifiques concernant la publicité des avocats[3]. Là encore, la seule référence aux nouvelles technologies était celle relative aux sites internet. Nombreuses étaient donc les interrogations auxquelles étaient soumis les avocats. Ce constat a perduré dans le temps.

---

[1]Décision du 12 juillet 2007 portant adoption du règlement intérieur national (RIN) de la profession d'avocat.
[2]Article 1 du Règlement Intérieur National de la profession d'avocat.
[3]Article 10 du Règlement Intérieur National de la profession d'avocat.

Ce n'est qu'à partir de 2010 que les choses ont commencé à évoluer et à être clarifiées. En effet, à la suite d'une réforme du Règlement Intérieur National[1], l'article 10 de ce dernier a été modifié pour y inclure, pour la première fois, une mention spécifique aux réseaux sociaux. Ainsi, un alinéa prévoyait spécifiquement le fait que l'avocat participant à un blog ou à un réseau social devait « *respecter les principes essentiels de la profession ainsi que l'ensemble des dispositions du présent article* ». Cette nouvelle disposition est venue, ce faisant, clarifier de manière explicite les devoirs déontologiques des avocats. A cet égard, ces derniers se devaient de respecter leurs obligations professionnelles, y compris sur les plateformes. Aussi, conformément au texte, les avocats devaient informer l'ordre des avocats auquel ils étaient rattachés non seulement avant toute ouverture de compte, mais aussi avant toute modification substantielle dudit compte. En outre, l'avocat devait faire une déclaration à l'ordre avant toute création d'un lien hypertexte. Ce faisant, la nouvelle réglementation applicable aux réseaux sociaux se trouvait calquée sur celle des sites internet. Toutefois, cette nouveauté n'a pas été sans difficultés dans sa mise en œuvre. En effet, du fait du fonctionnement même des réseaux sociaux et des caractéristiques qu'ils possèdent, une application rigoureuse de ces prescriptions déontologiques trouvait rapidement ses limites. Il était possible de lire que « *la durée de vie réelle d'un tweet ne dépasse guère la journée. Prévoir une déclaration pour tout message prévoyant un lien hypertexte est aussi fastidieux*

[1]Décision à caractère normatif n° 2010-002 portant réforme des dispositions de l'article 10 du règlement intérieur national de la profession d'avocat, assemblée générale des 7 et 8 mai 2010, Commission des Règles et Usages.

qu'inadapté »[1]. Ou encore, « *avertir l'Ordre de toute présence sur un réseau ou de toute publication sur un blog serait, par ailleurs, irréalisable* »[2]. Il y avait dès lors un réel constat des difficultés techniques de cette nouvelle règlementation et de son inadaptation aux réseaux sociaux. En ce sens, nombreux étaient les observateurs à relever ces difficultés et à appeler à une modification de cette disposition. Ainsi pouvait-on lire : « *Il faut souhaiter une rapide réforme du RIN à ce sujet* »[3].

Finalement, après les critiques des professionnels et les commentaires des auteurs, le Conseil National des Barreaux a pris conscience de cette inadaptation des règles et a modifié, en 2014, cet article 10[4]. C'est ainsi que la mention faisant référence au régime des sites internet a disparu de l'alinéa concernant les réseaux sociaux. L'article 10 du Règlement Intérieur National précisait uniquement que « *l'avocat participant à un blog ou à un réseau social en ligne doit respecter les principes essentiels de la profession* ». Ce recul, bien que souhaité dans la pratique, ne demeure pas moins complexe en ce qu'il n'a pas été accompagné d'une nouvelle formulation ou d'un nouveau développement dudit alinéa. Alors que cette réforme aurait pu permettre davantage le développement de la déontologie relative aux réseaux sociaux, tel ne fut pas le cas. Pourtant, en dépit des faibles occurrences des réseaux sociaux dans les textes déontologiques des avocats, la régulation de l'usage des

---

[1]Le Quellenec. E., « Utilisation des réseaux sociaux par les avocats, quelles règles applicables ? », *Comm. com. Électr*, n°11, étude 19, 2013.
[2]Lebescond. A., « Communication des avocats sur internet - Questions à Christiane Féral-Schuhl », *La lettre juridique*, mars 2010.
[3]Gicquel. J., « Twitter ou juger », *JCP G*, mai 2014, p. 604.
[4]Décision à caractère normatif n°2014-001 portant modification des dispositions de l'article 10 du Règlement Intérieur National de la profession d'avocat, adoptée par l'assemblée générale des 10 et 11 octobre 2014.

réseaux sociaux par la discipline existe bel et bien. En effet, à chaque manquement de leurs obligations déontologiques, les avocats sont susceptibles de commettre une faute qui peut être sanctionnée sur le champ disciplinaire. A cet égard, l'article 183 du décret du 27 novembre 1991[1] précise que « *toute contravention aux lois et règlements, toute infraction aux règles professionnelles, tout manquement à la probité, à l'honneur ou à la délicatesse, même se rapportant à des faits extraprofessionnels, expose l'avocat qui en est l'auteur aux sanctions disciplinaires* ». Dès lors, l'activité sur les réseaux sociaux, même si elle relève en principe d'un fait extraprofessionnel, peut engager la responsabilité disciplinaire de l'avocat en cas de manquement. Ainsi en témoigne une décision de la Commission de discipline du Barreau de Paris. Dans cette espèce, il s'agissait d'un avocat qui disposait d'un compte sur le réseau social Facebook. Or, à la suite d'une publication sur la plateforme, ce dernier a notamment interrogé un de ses confrères sur le fait de savoir s'il « *savait lire et écrire, parce que ce qu'il a fait est grave* ». La Commission de discipline du Barreau de Paris, instance disciplinaire, a conclu que l'avocat auteur du propos avait justement commis une faute disciplinaire en ce qu'il avait porté atteinte notamment aux principes de confraternité et de délicatesse. Cet avocat a donc été sanctionné disciplinairement pour de tels propos tenus sur les réseaux sociaux[2].

---

[1]Décret n°91-1197 du 27 novembre 1991 organisant la profession d'avocat.
[2]Commission de Discipline Paris, arrêt du 28 juin 2016, n° 273809.

B : L'état actuel de la déontologie

Il résulte de ce qui précède une longue et difficile évolution de la déontologie des avocats relativement à leur présence sur les réseaux sociaux. Il est à présent nécessaire de dresser un état actualisé des règles déontologiques quant à la présence des avocats sur les plateformes. En l'état actuel des textes pour l'année 2024, il est admis par tous les auteurs et les professionnels que les principes déontologiques de la profession d'avocat trouvent à s'appliquer sur les réseaux sociaux. En ce sens, « *il n'en reste pas moins que l'avocat participant à un réseau social en ligne doit respecter sa déontologie et l'éthique* »[1]. En effet, cette affirmation figure à l'article 10.5 du Règlement Intérieur National dans sa dernière version. L'avocat se trouve donc contraint de respecter dans son utilisation des réseaux, dans sa communication à travers les plateformes, les nombreux principes essentiels de la profession d'avocat. Ces derniers sont notamment mentionnés à l'article 3 du Code de déontologie des avocats. A cet égard, l'avocat sur les réseaux sociaux est tenu d'appliquer et de respecter « *les principes de dignité, de conscience, d'indépendance, de probité et d'humanité* », mais aussi « *les principes d'honneur, de loyauté, d'égalité et de non-discrimination, de désintéressement, de confraternité, de délicatesse, de modération et de courtoisie* ». Pour illustrer quelques-uns de ces principes et les mettre en application concernant la présence des avocats sur les réseaux sociaux, l'on peut par exemple citer les principes de loyauté et de probité. Ces derniers peuvent être entendus notamment comme l'interdiction faite à l'avocat de toute présentation déloyale, malhonnête et de mauvaise foi de la situation à l'égard de

---

[1] Féral-Schuhl. C., « Avocat et réseaux sociaux », *Archives de philosophie du droit*, vol. 64, n° 1, 2022, pp. 373-382.

la partie adverse[1]. En ce sens, l'avocat est donc invité, par l'intermédiaire d'une publication ou d'un commentaire sur un réseau social, à ne pas faire de présentations tronquées de l'affaire dans laquelle il intervient ou encore à ne pas établir de fausses vérités à l'égard de la partie adverse. De même, en vertu des principes de modération, de délicatesse et de courtoisie, parfois regroupés sous le terme de « *qualités relationnelles* »[2], l'avocat présent sur les réseaux sociaux est tenu de conserver un comportement et une prise de parole respectueuse de ses clients, des magistrats, des confrères et même des tiers. L'avocat sur les réseaux sociaux est également tenu de respecter le principe du secret professionnel. En effet, en vertu de l'article 4 du Code de déontologie des avocats, « *l'avocat ne commet, en toute matière, aucune divulgation contrevenant au secret professionnel* ». En ce sens, l'avocat est donc invité à ne pas faire état, au travers d'une publication, d'un message ou d'un commentaire, du nom des clients avec lesquels il traite, à ne pas faire état d'un dossier, à ne pas faire état ni partager les confidences qu'il aurait pu recevoir d'un client. En outre, il apparait que l'avocat qui a recours aux services d'un tiers pour assurer sa communication sur les plateformes a aussi l'obligation de faire respecter ce devoir par les professionnels eux-mêmes, « *à l'image des community manager par exemple* »[3]. Idem pour le principe de confidentialité prévu à l'article 3 du Règlement Intérieur National. Ce dernier précise que « *tous les échanges entre avocats, verbaux ou écrits quel qu'en soit le support (papier, télécopie, voie électronique ...), sont par nature, confidentiels* ». Ainsi, l'avocat est tenu de ne pas divulguer

---

[1]Moret-Bailly. J. et Bortoluzzi. J., *Déontologie de l'avocat*, Paris, Presses Universitaires de France, 1er édition, 2023, p. 196.
[2]Ibidem, p. 127.
[3]Féral-Schuhl. C., « Avocat et réseaux sociaux », *Archives de philosophie du droit*, vol. 64, n° 1, 2022, pp. 373-382.

un quelconque échange, en rapport avec une affaire, réalisé entre un confrère et lui sur les plateformes.

En outre, sachant qu'aucun texte ne l'interdit, l'avocat est à même d'utiliser les réseaux sociaux afin de faire sa publicité. Il conviendra dès lors à ce dernier de respecter l'article 10.2 du Règlement Intérieur National. A cet égard, il devra « *faire état de sa qualité et permettre, quel que soit le support utilisé, de l'identifier, de le localiser, de le joindre, de connaître le barreau auquel il est inscrit, la structure d'exercice à laquelle il appartient et, le cas échéant, le réseau dont il est membre* ». L'avocat est donc tenu, dans toute communication, au sens de la publicité, de permettre son identification. De même, l'avocat est également tenu de « *procurer une information sincère* » que ce soit sur ses services ou sa personne. A cet effet, plusieurs éléments sont interdits, à l'image de « *toute publicité mensongère ou trompeuse* » ou encore de « *toute mention comparative ou dénigrante* ». Il devra également communiquer cette même publicité « *sans délai au conseil de l'ordre* »[1]. Enfin, d'autres textes portant sur la déontologie des avocats ont pu venir éclairer les professionnels quant à leurs activités sur les plateformes. A cet égard, la Commission règles et usages du Conseil National des Barreaux a eu l'occasion de publier une nouvelle version de son *vade-mecum* consacré à la communication de l'avocat. Le dernier numéro de 2023[2] comprend bien la thématique des réseaux sociaux et apporte quelques précisions quant au respect de la déontologie par l'avocat lorsque ce dernier est présent sur les réseaux sociaux. En effet, ce dernier indique que « *l'avocat ne peut,*

---

[1]Article 10.3 du Règlement Intérieur National de la profession d'avocat.
[2]*VADE-MECUM* « la communication de l'avocat », Conseil National des Barreaux, 3e édition, 2023, p. 45.

sur son réseau social professionnel, renvoyer à des comptes ou des sites n'ayant pas de lien avec la profession ou faire la promotion de sociétés commerciales n'ayant pas de lien avec son activité ». Dès lors, l'avocat est tenu également de respecter, sur les réseaux sociaux, les incompatibilités prévues à l'article 22 du Code de déontologie des avocats. Il ne peut donc pas utiliser les réseaux sociaux pour faire la promotion d'une activité commerciale par exemple.

Comme observé précédemment, la déontologie s'est développée au fil du temps et des réformes afin d'y intégrer la thématique des réseaux sociaux. Toutefois, il apparait également que cette dernière demeure, encore aujourd'hui, incomplète et ne permet pas de définir et de prévoir toutes les situations auxquelles les avocats pourraient être exposés par une présence sur les réseaux sociaux. Cette situation, loin d'être anecdotique, met en lumière une situation difficile et à risque pour les avocats qui, en l'absence de réponses à certaines de leurs questions, utilisent les réseaux sociaux à leurs risques et périls. Plusieurs situations pratiques non prévues par la déontologie peuvent être, à cet égard, génératrices d'interrogations légitimes de la part des professionnels. En effet, l'une des premières interrogations réside dans l'utilisation des réseaux sociaux à des fins de publicité pour l'avocat. Comme aucun texte ne l'interdit, une telle publicité est donc en principe possible. A cette fin, l'avocat peut donc utiliser la sollicitation personnalisée qui s'entend comme « *toute forme de communication directe ou indirecte, dépassant la simple information, destinée à promouvoir les services d'un avocat à l'attention d'une personne physique ou morale déterminée* »[1]. Celle-ci se caractérise par la faculté qui lui est offerte de pouvoir directement prendre contact avec un client potentiel, un *prospect* et de lui proposer ses services. Cependant, l'article

[1]Article 10.1 du Règlement Intérieur National de la profession d'avocat.

10.3 du même Règlement précise quant à lui que la « *sollicitation personnalisée prend la forme d'un message exclusif de toute démarche physique ou téléphonique. Sont exclus les messages textuels envoyés sur un terminal téléphonique mobile* ». Dès lors, les termes « *messages textuels* » et « *sur un terminal téléphonique mobile* » interrogent. Cette disposition interdit à l'avocat de contacter de potentiels clients et de leur proposer des services par le biais de SMS. Les réseaux sociaux permettent aux utilisateurs de pouvoir échanger des messages privés entre eux. Il convient dès lors de se demander si un message privé envoyé depuis un réseau social pourrait recevoir la qualification de « *message textuel* ». Il semble que cette question se résolve facilement en ce que le message, SMS ou message privé depuis les plateformes, est bien textuel. Toutefois, la question se pose davantage sur les termes « *sur un terminal téléphonique mobile* ». L'autre caractéristique des réseaux sociaux réside dans le fait que ces derniers sont accessibles par des applications téléchargeables sur les téléphones, les tablettes, les ordinateurs... Ces deux derniers appareils ne peuvent, par principe, recevoir la qualification de *« terminal téléphonique mobile ».* Il y a donc une réelle interrogation qui n'a pour l'instant pas reçu de réponse de la part des organes professionnels. D'autres interrogations apparaissent également. A ce titre, qu'en est-il de la possibilité pour un avocat d'avoir comme ami un client ou encore d'utiliser ces mêmes plateformes pour communiquer avec lui d'une affaire en cours par exemple ? Cette question soulève les enjeux de la confidentialité et du secret professionnel. En outre, qu'en est-il de la question des avis partagés par les clients directement sur la page de l'avocat ou de son cabinet ? Le *vade-mecum* de 2023 recommande aux avocats de ne pas faire état des avis des clients sur leurs sites internet[1]. Mais *quid* d'un avis d'un client sur les réseaux sociaux ? Enfin, qu'en est-il de la dénomination du compte de l'avocat ou du cabinet sur les plateformes ? Des dispositions du Règlement Intérieur National régissent le nom du cabinet et le nom de la page du site internet[2]. C'est ainsi que l'avocat ne doit pas utiliser de termes génériques[3]. Mais là encore, aucune disposition de la déontologie de l'avocat ne répond à cette question pour les réseaux sociaux. En définitive, la régulation de la présence des avocats sur les réseaux sociaux, par le prisme de la déontologie, demeure tantôt floue, tantôt incomplète, tant de nombreuses questions restent sans réponse.

---

[1] *VADE-MECUM* « la communication de l'avocat », Conseil National des Barreaux, 3e édition, 2023, p. 42.
[2] Articles 10.5 et 10.6 du Règlement Intérieur National de la profession d'avocat.
[3] Cour d'appel Toulouse, 15 février. 2001, n°2000-01962 ; 1ère chambre civile de la Cour de cassation, 4 mai 2012, n° 11-11180.

Paragraphe 2 : La déontologie du magistrat

La déontologie du magistrat, de l'ordre administratif comme de l'ordre judiciaire a lentement évolué pour y intégrer le sujet des réseaux sociaux (A). Il conviendra ensuite d'observer l'état actuel de cette dernière (B).

A : Le lent développement de la déontologie

A l'arrivée des réseaux sociaux sur Internet, un constat simple et non équivoque apparaissait, celui de l'inexistence de toutes mentions relatives aux réseaux sociaux dans les textes organisant la déontologie du magistrat de l'ordre administratif et de l'ordre judiciaire. Cette situation était à l'image de celle des avocats pour la même période. Au regard des textes existant, les magistrats devaient seulement respecter leurs devoirs déontologiques tels que la réserve, la probité, l'indépendance et l'impartialité[1]. C'est ainsi que les magistrats de l'ordre administratif et de l'ordre judiciaire ne possédaient aucune indication déontologique relativement à leur exposition et à l'usage des plateformes. Pourtant, la déontologie des magistrats n'a pas cessé d'évoluer depuis cette période. En témoigne la création de la première édition de la Charte de déontologie des magistrats administratifs en 2011[2]. Celle-ci avait pour vocation de préciser la déontologie de ces magistrats en rappelant les devoirs qui s'appliquaient à leur statut. Elle comportait ainsi des conseils et recommandations permettant une vision pratique de l'application de ces obligations. Cette dernière, établie par le Collège de

---

[1]Article 25 de la loi n° 83-634 du 13 juillet 1983 portant droits et obligations des fonctionnaires ; article 43 ordonnance n° 58-1270 du 22 décembre 1958 portant loi organique relative au statut de la magistrature.
[2]Charte de déontologie des magistrats administratifs, 1ère édition, 2011.

déontologie, ne comportait cependant aucune mention « *sur l'expression des magistrats sur les réseaux sociaux* »[1]. Cette affirmation peut, elle aussi, être reprise concernant la déontologie des magistrats de l'ordre judiciaire. A cet égard, le Conseil Supérieur de la Magistrature avait présenté, en 2010, un premier Recueil des obligations déontologiques des magistrats de l'ordre judiciaire[2]. Ce dernier avait également pour ambition de rassembler les devoirs des magistrats imposés par leur statut et de formuler des recommandations déontologiques afin d'aider les magistrats. Mais là encore, aucune mention spécifique aux réseaux sociaux n'apparaissait. La situation était alors complexe pour les magistrats qui n'avaient aucune indication sur la possibilité ou non de s'exposer sur les réseaux sociaux et sur ce qu'ils avaient le droit de faire ou non sur les plateformes…

Ce n'est en réalité qu'à partir de 2019 pour les magistrats de l'ordre judiciaire et de 2021 pour les magistrats de l'ordre administratif que les premières occurrences des termes « *réseaux sociaux* » sont apparues, dans la Charte ainsi que dans le Recueil précités. Bien que tardive, cette intégration des plateformes dans les textes a pu servir aux magistrats afin de cerner davantage le bon comportement attendu d'un point de vue déontologique. En effet, la volonté du Conseil Supérieur de la Magistrature était celle de publier une seconde édition de son Recueil afin de le « *moderniser (...) pour y intégrer les réseaux sociaux* »[3]. De même, la Charte des magistrats administratifs a été « *considérablement étoffée pour traiter la problématique*

---

[1]Lantero. C., « Le juge administratif sur les réseaux sociaux », *JCP admin. et coll. territoriales*, n° 3, Janvier 2022, p. 1.
[2]Recueil des obligations déontologiques des magistrats, 1er édition, Conseil Supérieur de la Magistrature, 2010.
[3]Dufour. O., « Magistrature, la tentation du repli ? », *Gaz. Pal.*, n°5, février 2019, p. 9.

des réseaux sociaux »[1]. Le Recueil et la Charte ont apporté quelques précisions quant aux recommandations pour l'usage des réseaux sociaux par les magistrats. Bien que ces textes ne soient pas des Codes de déontologie et que la méconnaissance de ces préconisations ne soit pas, en elle-même, constitutive d'un manquement[2], il apparait dès lors que les magistrats sont plus qu'invités à respecter ces principes tant ils peuvent être amenés à aider les organes disciplinaires afin de caractériser une potentielle faute déontologique. En ce qui concerne les magistrats de l'ordre judiciaire, la nouvelle mouture du Recueil intègre une annexe intitulée « *le magistrat, les technologies de l'information et la communication* ». A travers celle-ci, le Conseil Supérieur de la Magistrature recommande aux magistrats notamment de « *veiller, dans la création de son profil (nom ou pseudonyme, photographies ou images associées, mention, choix de faire apparaitre sa qualité de magistrat, etc.) et dans la ligne éditoriale de son compte, à respecter son devoir de dignité, à ne pas avoir recours à des propos injurieux ou indélicats, et à ne pas renvoyer une image susceptible de nuire à l'institution* ». En cela, le magistrat sur les réseaux sociaux doit contrôler son profil dans toutes ses composantes afin de ne pas porter atteinte à ses obligations professionnelles. Le Conseil Supérieur de la Magistrature explique également le fait que « *l'usage des réseaux sociaux par le magistrat qui y siège ou y requiert, pendant ou à l'occasion d'une audience est, à l'évidence, incompatible avec ces devoirs* ». Dit autrement, le magistrat ne doit pas utiliser les plateformes durant une audience. Il interdit en outre aux magistrats « *d'évoquer [sur les réseaux*

---

[1]Lantero. C., « Le juge administratif sur les réseaux sociaux », *JCP admin. et coll. Territoriales,* n° 3, Janvier 2022, p. 1.
[2]Conseil d'État, 25 mars 2020, n° 421149 et recueil des obligations déontologiques des magistrats, Conseil Supérieur de la Magistrature, 2e édition, 2019, p. 11.

sociaux] des situations individuelles qu'il a traité d'une manière qui permettrait de les identifier »[1]. Concernant les magistrats de l'ordre administratif, la nouvelle version de la Charte de déontologie a, elle aussi, intégré des dispositions intéressant leurs activités sur les plateformes[2]. En effet, elle recommande « *aux membres de la juridiction administrative présents sur les réseaux sociaux numériques de ne pas mentionner leur qualité de magistrat ou de membre du Conseil d'État lorsqu'ils renseignent leur profil* ». Elle invite également ces magistrats à « *s'abstenir de prendre part à toute polémique qui, eu égard à son objet ou à son caractère, serait de nature à rejaillir sur l'institution* ». En outre, elle appelle les magistrats à la prudence et à la modération en ce qu'ils sont invités à « *ne pas utiliser ces supports aux fins de commenter l'actualité politique et sociale* » ainsi qu'à « *faire preuve non pas seulement de modération dans les propos qu'ils sont conduits à tenir sur les réseaux sociaux, mais d'une vigilance équivalente à celle qu'impliquerait leur publication dans une revue scientifique* ». Lorsque le magistrat souhaite partager son adhésion à un contenu sur un réseau social ou qu'il souhaite publier un message, ce dernier est « *invité à faire preuve de prudence* »[3]. Il apparait dès lors que la thématique des réseaux sociaux a intégré ces textes tardivement. De plus, ces derniers ne paraissent pas totalement exhaustifs.

Bien que l'on ne puisse pas méconnaitre l'effort qui a été fait par les organes professionnels pour intégrer à la déontologie des magistrats judiciaires et administratifs, la thématique des réseaux sociaux, il semble que l'on puisse

---

[1]Recueil des obligations déontologiques des magistrats, Conseil Supérieur de la Magistrature, 2e édition, 2019, pp. 74-75.
[2]Charte de déontologie des magistrats administratifs, 2e édition, 2021.
[3]*Ibid.*, articles 47-2 à 47-5.

tout de même relever l'insuffisance d'une telle démarche. En effet, en comparaison avec ce qui peut se faire à l'étranger, à l'image du Québec par exemple, notre déontologie française apparait bien en deçà. Assurément, à l'occasion de son Guide publié en 2022[1], le Québec a proposé aux magistrats un ensemble plus fourni de conseils, de préconisations et de recommandations quant à l'usage des réseaux sociaux. Le Guide appelle le magistrat québécois, en plus des recommandations similaires à celles des magistrats français, à vérifier « *périodiquement ses comptes de réseaux sociaux anciens comme nouveaux et à en réviser le contenu* ». De même, il invite les magistrats à « *enlever ou bloquer des abonnés ou amis susceptibles de donner une apparence de partialité ou des préjugés* ». Il interdit également aux magistrats « *d'utiliser les médias sociaux pour faire avancer ses propres intérêts ou ceux de tiers, qu'ils soient financiers, commerciaux ou d'autres natures* »[2].

Pourtant, en dépit de la tardiveté de l'apparition du thème des réseaux sociaux dans les textes déontologiques des magistrats français, la régulation de l'usage des réseaux sociaux par la discipline existe, quant à elle, bel et bien. En effet, à chaque manquement de leurs obligations déontologiques, les magistrats sont eux aussi susceptibles de commettre une faute qui peut être sanctionnée sur le champ disciplinaire. Pour le magistrat de l'ordre judiciaire, une faute disciplinaire est commise pour « *tout manquement par un magistrat à l'indépendance, à l'impartialité, à l'intégrité, à la probité, à la loyauté, à la conscience professionnelle, à l'honneur, à la dignité, à la délicatesse, à la réserve et à la discrétion ou aux devoirs de*

---

[1]Guide de l'utilisation des médias sociaux par les juges, Conseil de la magistrature du Québec, 2022.
[2]*Ibid.*, pp. 13-15.

son état »[1]. Pour le magistrat administratif, cette discipline est prévue à l'article L. 236-3 du Code de la justice administrative. Il demeure toutefois une difficulté relative à l'accessibilité des décisions disciplinaires rendues à l'encontre des magistrats administratifs. En effet, ces dernières « *bien que publiables, ne sont pas accessibles au grand public et n'émergent qu'à l'occasion d'un recours dirigé contre elles* »[2]. Dès lors, aucun exemple publié ne porte sur la question des réseaux sociaux. A l'inverse, le Conseil Supérieur de la Magistrature a eu l'occasion de publier plusieurs décisions disciplinaires intéressant directement les plateformes. C'est ainsi qu'il a pu décider, en 2014, que constituait une faute disciplinaire le fait pour un magistrat du siège d'utiliser les réseaux sociaux durant le déroulement d'une audience. En l'espèce, un magistrat du siège, qui était assesseur durant un procès d'assises, avait échangé des messages, par l'intermédiaire du réseau social Twitter (maintenant dénommé X), avec un avocat général qui était lui-même présent à cette audience. C'est ainsi que la teneur des messages avait été révélée par la décision disciplinaire et permettait d'établir le contenu de ces derniers, par ailleurs jugés « *cyniques* » par certains observateurs[3]. Ces messages visaient explicitement la directrice de greffe présente à l'audience, la présidente de l'audience, ainsi que des témoins. Le Conseil Supérieur de la Magistrature a alors conclu à des manquements déontologiques, à l'encontre du magistrat du siège, en ce que ce dernier avait « *manqué à son obligation de dignité et à son obligation de réserve, gage pour les justiciables de*

---

[1]Article 43 de l'ordonnance n° 58-1270 du 22 décembre 1958 portant loi organique relative au statut de la magistrature.

[2]Lantero. C., « Le juge administratif sur les réseaux sociaux », *JCP admin. et coll. territoriales*, n° 3, Janvier 2022, p. 1.

[3]Brunaux. G., « Réseaux sociaux et professionnels du droit : le risque disciplinaire », *Dalloz IP/IT, 2019*, p. 476.

son impartialité et de sa neutralité, et porté atteinte à la confiance que les justiciables doivent pouvoir accorder aux décisions de justice »[1]. Aussi, en 2019, une magistrate du siège avait commis une faute disciplinaire par son utilisation des réseaux sociaux en ce qu'elle avait diffusé « *sur les réseaux sociaux un message aux fins de recueillir des preuves dans une procédure le concernant à titre privé* ». C'est alors que le Conseil Supérieur de la Magistrature a conclu le fait qu'un tel comportement était « *de nature à porter atteinte à l'image et à l'autorité de l'institution judiciaire* »[2].

---

[1]Conseil Supérieur de la Magistrature, siège, 30 avril 2014, S212.
[2]Conseil Supérieur de la Magistrature, siège, 11 septembre 2019, S233.

B : L'état actuel de la déontologie

En l'état actuel des textes, il apparait le constat selon lequel la déontologie des magistrats relativement à la thématique des réseaux semble peu développée et incomplète. Si bien que peu d'éléments sont susceptibles d'accompagner le magistrat dans son utilisation des réseaux sociaux. Il convient tout de même de relever l'existence de quelques éléments applicables aujourd'hui, pouvant guider ce dernier dans une telle utilisation. La déontologie du magistrat de l'ordre judiciaire impose que ce dernier soit indépendant, impartial, intègre, loyal, qu'il doive respecter la probité, la délicatesse, la discrétion…[1]. Ces devoirs correspondent peu ou prou aux devoirs déontologiques des magistrats administratifs[2]. Lorsque le magistrat utilise les réseaux sociaux, ce dernier doit respecter les devoirs relatifs à son statut. En ce sens, *« lorsque le magistrat a recours aux réseaux sociaux, cet usage doit s'accorder avec le respect de ses obligations déontologiques »*[3]. De même, *« l'obligation de réserve, le secret professionnel, le strict respect du secret du délibéré et la discrétion professionnelle s'appliquent pleinement à l'expression des membres de la juridiction administrative sur les réseaux sociaux »*[4].

Ainsi, afin d'illustrer quelques-uns de ces devoirs, de les mettre en application à une présence des magistrats sur les réseaux sociaux et sans prétendre à une quelconque exhaustivité, il convient de citer des exemples qui ne

---

[1]Article 43 de l'ordonnance n° 58-1270 du 22 décembre 1958 portant loi organique relative au statut de la magistrature.
[2]Articles L131-2 et L231-1-1 du Code de justice administrative.
[3]Recueil des obligations déontologiques des magistrats, Conseil Supérieur de la Magistrature, 2e édition, 2019, p. 75.
[4]Charte de déontologie des magistrats administratifs, 2e édition, 2021, article 47-1.

présentent pas de difficultés. En premier lieu, le magistrat, sur un réseau social, est tenu de respecter son devoir d'impartialité. Ce devoir impose au juge *« une parfaite neutralité, de traiter de manière égale et sans favoritisme les parties se présentant devant lui »*[1]. Le juge doit être un tiers sans préjugements. A ce titre, il ne doit pas communiquer avec l'une des parties au litige ou échanger de l'affaire avec un avocat d'une des parties. De même, le magistrat doit respecter son devoir de réserve, y compris sur les plateformes. Ce dernier interdit *« toute critique et toute expression outrancière de nature à compromettre la confiance et le respect que leur fonction doit inspirer au justiciable »*[2]. Il apparait que le magistrat ne doit pas, dans son expression sur les plateformes, évoquer une affaire dont il a connaissance ou qu'il pourrait être amené à connaître. Il doit également contenir cette même expression afin qu'elle ne porte pas atteinte à l'image et au crédit de l'institution judiciaire. Encore, en ce qu'il est astreint au secret, *« qui englobe, non seulement le secret de l'enquête et de l'instruction ou des délibérations, mais également toutes les informations dont le magistrat a connaissance dans l'exercice de ses fonctions »*[3], le magistrat ne doit pas faire état sur les plateformes d'une quelconque information dont il a la connaissance par sa qualité. Cela s'applique également lors des échanges privés avec d'autres utilisateurs des plateformes.

En dépit des préconisations et conseils de la part du Recueil de déontologie des magistrats de l'ordre judiciaire et de la Charte déontologique des magistrats administratifs,

---

[1]Belfanti. L., Répertoire de procédure civile Dalloz, Magistrats, novembre 2018, V° « Magistrats ».
[2]Conseil Supérieur de la Magistrature, Parquet, 9 avril 1993, n° P017.
[3]Répertoire de procédure civile Dalloz, Magistrats, Ludovic Belfanti, novembre 2018, V° « Magistrats ».

qui trouvent encore à s'appliquer à une telle présence, des questions demeurent néanmoins à l'heure actuelle sans réponse. Cette situation démontre, à l'image de celle des avocats, une situation difficile et à risque pour les magistrats qui, en l'absence de réponses à certaines de leurs questions, utilisent les réseaux sociaux, eux aussi, à leurs risques et périls. Plusieurs situations pratiques, non prévues par la déontologie, peuvent ainsi générer des interrogations légitimes de la part de ces professionnels. En effet, l'une des premières interrogations résulte dans le fait de savoir si un magistrat peut librement exprimer un point de vue sur une affaire dont il n'a pas connaissance en tant que magistrat. Pour rappel, la Charte déontologique des magistrats administratifs recommande seulement aux magistrats relevant de cet ordre de ne pas prendre part aux polémiques ayant un caractère politique ou social. Elle recommande également aux magistrats administratifs de ne pas évoquer des affaires qu'ils ont connu ou qu'ils auraient à connaitre en qualité de magistrat[1]. Pour ce qui concerne le magistrat relevant de l'ordre judiciaire, ce dernier ne doit pas faire état de situations individuelles qu'il a eu à connaître[2]. Cependant, rien n'est précisé sur la question initiale. Ici, une réelle difficulté apparait entre le devoir de réserve et la liberté d'expression. Rien ne semble s'opposer à ce que le magistrat prenne la parole publiquement, à travers les réseaux sociaux, pour exposer son point de vue. Mais en l'absence de règles déontologiques précises sur ce sujet, il en résulte une situation inconfortable pour les magistrats. En outre, d'autres situations pratiques pourraient être amenées à se présenter, et pour lesquelles, là encore, aucune réponse n'est encore apportée sur le plan de

---

[1]Charte de déontologie des magistrats administratifs, 2e édition, 2021, article 47-2.

[2]Recueil des obligations déontologiques des magistrats, 2e édition, Conseil Supérieur de la Magistrature, 2019, p. 74.

la déontologie. A cet égard, un magistrat pourrait-il réagir à une publication engagée d'un utilisateur ou d'une association à l'occasion de son usage des réseaux sociaux ? La question apparait centrale dans la mesure où cela pourrait être perçu comme une prise de position susceptible de le mettre en difficulté à l'occasion d'une affaire qu'il aurait à traiter par la suite. Cette hypothèse pourrait être celle d'un magistrat qui « aime », « repartage » ou « commente » une publication d'un utilisateur qui serait, par la suite, partie dans un litige que le magistrat aurait à connaitre. Ne serions-nous pas face à une situation délicate qui permettrait aisément à chaque justiciable de récuser de manière presque systématique un juge ? Là encore, d'un point de vue déontologique, aucune précision n'a été apportée par les textes sur ce point. Enfin, il se pose une question qui fut d'actualité notamment à l'occasion des dernières élections législatives et qui pourrait tout à fait se reproduire à l'aune des prochaines. Ainsi, *« à l'occasion des dernières élections présidentielles et législatives a-t-on pu voir fleurir sur certains profils la mention magistrat, candidat aux élections législatives ou magistrat, soutien de tel candidat »*[1]. En effet, quid de la possibilité pour le magistrat de faire état publiquement, à travers un compte sur un réseau social, de sa qualité de candidat à ladite élection ou de son soutien à un candidat ? La déontologie des magistrats de l'ordre judiciaire apporte des indications sur le domaine de la politique. Ainsi, ce dernier ne peut effectuer aucune *« délibération politique »*. Aussi, ce dernier ne doit pas, selon les textes déontologiques, manifester une quelconque *« hostilité au principe ou à la*

---

[1]Valton. V., « L'exigence d'impartialité des juges à l'épreuve des réseaux sociaux », *Revue de l'Union Syndicale des Magistrats*, n°430, mars 2020, p. 6.

forme du gouvernement de la République »[1]. Toutefois, il n'apparait en rien une réponse à la question initiale. Cette dernière pourrait cependant trouver une réponse concernant le magistrat administratif. D'après les textes déontologiques, le magistrat n'a pas le droit de faire état de sa qualité de magistrat administratif au soutien de son activité politique[2]. Dès lors, cela rend impossible toute mention de « candidat à » accolée aux termes « magistrat administratif ». Toutefois, la réponse à la question de savoir si un magistrat administratif peut accoler, à côté de sa qualité, la mention de « soutien à tel ou tel candidat » n'apparait pas en tout état de cause tranchée. Cette réelle difficulté, encore une fois concrète, ne possède pas de réponse claire et précise au vu des textes déontologiques. En définitive, la régulation de la présence des magistrats sur les réseaux sociaux demeure elle aussi, par le prisme de la déontologie, tantôt floue, tantôt incomplète et tantôt incertaine, tant de nombreuses questions restent en suspens.

---

[1]Article 10 de l'ordonnance n° 58-1270 du 22 décembre 1958 portant loi organique relative au statut de la magistrature.
[2]Articles L131-2 et L231-1-1 du Code de justice administrative.

Section 2 : Les autres formes de régulation

La régulation de l'usage des réseaux sociaux des avocats et des magistrats passe par un potentiel engagement de leur responsabilité (Paragraphe 1) mais aussi par un accompagnement de ces derniers (Paragraphe 2).

Paragraphe 1 : La mise en œuvre de la responsabilité en aval

Malgré la reconnaissance de la liberté d'expression des magistrats et des avocats (A), il n'en demeure pas moins que ces derniers peuvent voir leur responsabilité civile et pénale engagée (B).

A : La reconnaissance de la liberté d'expression

L'étude de la liberté d'expression, dans le cadre de la responsabilisation des avocats et des magistrats quant à l'usage qu'ils font des réseaux sociaux, est incontournable. La liberté d'expression correspond au droit dont dispose tout individu d'exprimer ses opinions, ses idées ainsi que sa pensée. Elle est donc, comme le déclare le Conseil constitutionnel, « *une liberté d'autant plus précieuse que son existence est une des garanties essentielles du respect des autres droits et libertés* »[1]. D'aucuns n'hésitent pas à la qualifier de *« pilier essentiel de notre démocratie »*[2] ou encore de *« liberté essentielle »*[3]. La liberté d'expression est

[1]Décision du Conseil Constitutionnel du 29 juillet 1994, n° 94-345 DC.
[2]Brugère. S., Laurent. J., « Déontologie, médias et réseaux sociaux », *Gaz. Pal.*, n°29, août 2021, p. 19.
[3]Cour Européenne des Droits de l'Homme, 7 décembre 1976, *Handyside c/ Royaume-Uni*, n° 5493/72, § 49.

donc une liberté fondamentale reconnue à tout individu. A ce titre, elle bénéficie d'une large protection par des textes occupant une place élevée dans la hiérarchie des normes. La Déclaration des Droits de l'Homme et du Citoyen proclame ainsi que : *« la libre communication des pensées et des opinions est un des droits les plus précieux de l'homme ; tout citoyen peut donc parler, écrire, imprimer librement »*[1]. De même, la Convention Européenne des Droits de l'Homme indique que *« toute personne a droit à la liberté d'expression. Ce droit comprend la liberté d'opinion et la liberté de recevoir ou de communiquer des informations ou des idées sans qu'il puisse y avoir ingérence d'autorités publiques »* [2]. D'abord cantonnée à la parole et aux écrits sur les supports matériels, cette liberté d'expression a vu son champ d'application évoluer afin de s'étendre également aux nouvelles technologies[3]. A cet égard, les propos tenus sur internet et donc sur les réseaux sociaux bénéficient eux-aussi de cette protection[4]. La Cour Européenne des Droits de l'Homme n'hésite pas à affirmer que *« la possibilité pour les individus de s'exprimer sur Internet constitue un outil sans précédent d'exercice de la liberté d'expression »*[5]. Les avocats et les magistrats, en qualité de citoyens ordinaires, bénéficient évidemment de cette liberté d'expression. Ces derniers peuvent donc dans leur vie quotidienne s'exprimer librement.

Mais cette liberté leur est également reconnue en tant que professionnels. En ce sens, *« la protection de*

---

[1]Article 19 de la Déclaration des Droits de l'Homme et du Citoyen.
[2]Article 10 de la Convention Européenne des Droits de l'Homme.
[3]Ramond. D., « Liberté d'expression. Le temps d'en parler », *Raisons politiques*, no. 3, 2016, pp. 5-11.
[4]Cour Européenne des Droits de l'Homme, 1er mars 2022, *Kozan c/ Turquie*, n° 16695/19.
[5]Cour Européenne des Droits de l'Homme, 1er décembre 2015, *Cengiz et a. c/ Turquie*, § 49 et 52.

l'article 10 de la Convention s'étend donc à la sphère professionnelle, notamment aux fonctionnaires comme aux avocats »[1]. Au-delà de la simple immunité de parole qui s'applique à l'avocat, l'exonérant d'une quelconque responsabilité pour les discours ou les écrits prononcés devant un tribunal[2], il est admis que de manière plus large, *« la liberté d'expression et d'opinion bénéficie à l'avocate ou à l'avocat »*[3], et ce en général. De même, cette liberté se trouve également reconnue pour les magistrats de l'ordre judiciaire en ce que *« le magistrat, comme tout citoyen, jouit de la liberté d'expression »*[4]. En outre, cette liberté est également reconnue aux magistrats administratifs. L'article L. 231-1 du Code de justice administrative précise que le magistrat relève aussi des *« dispositions statutaires de la fonction publique de l'État ».* Dès lors, le Code général de la fonction publique prévoit justement que les agents et fonctionnaires bénéficient de la liberté d'opinion[5], ce qui entraine son corolaire : la liberté d'expression. Outre les textes précités qui servent de fondements à la liberté d'expression, il existe encore des sources supplémentaires, bien que non impératives, rappelant cette liberté d'expression aux magistrats. Ainsi, il convient de citer la résolution des Nations Unies du 29 novembre 1985, l'avis n°3 du Conseil Consultatif des Juges Européens du 19 septembre 2002 ou encore le Statut universel du juge voté par le Conseil central de l'Union Internationale des Magistrats le 17 novembre 1999. Ces derniers textes

---

[1]Renucci. J-F., *Droit européen des droits de l'homme,* Paris, Lextenso, 9e édition, 2021, 630p.
[2]Article 41 de la loi du 29 juillet 1881 sur la liberté de la presse.
[3]Brugère. S., Pitcho. B., « Le secret de l'instruction, l'avocate / l'avocat et la communication dans les médias », *Gaz. Pal.*, n°35, octobre 2022, p. 8.
[4]Avis de la formation plénière du Conseil supérieur de la magistrature du 13 décembre 2023, 23p.
[5]Article L111-1 du Code général de la fonction publique.

reconnaissent à l'unanimité cette liberté pour le magistrat. L'existence de la liberté d'expression pour l'avocat et pour le magistrat se trouve d'autant plus justifiée qu'elle est nécessaire à leur indépendance[1]. Ce dernier principe est lui aussi reconnu aux avocats[2] et aux magistrats[3] par les textes régissant ces professions. Cette liberté d'expression, en tant que liberté fondamentale, est protégée très largement.

Parfois, c'est même cette dernière qui vient en défense de ces professionnels lorsqu'ils s'expriment sur les plateformes. La Cour Européenne des Droits de l'Homme le démontre au travers de sa jurisprudence, et reste très attachée à la défense de la liberté d'expression aussi bien des avocats que des magistrats. De même, la Cour de cassation n'hésite pas, en dépit de propos pouvant apparaître comme outranciers, diffamants ou injurieux, à faire primer la liberté d'expression des magistrats et des avocats. Afin de le démontrer, il convient de citer un premier exemple, très récent, et qui concerne une affaire portée devant la Cour Européenne des Droit de l'Homme. Un magistrat roumain avait publié deux messages sur le réseau social Facebook depuis son compte personnel. Ces messages critiquaient pour l'un le gouvernement, en déplorant la décrédibilisation des différents services publics en Roumanie, dont celui de la Justice. Pour l'autre, il soutenait explicitement la prise de parole d'un procureur roumain en affirmant notamment que la justice pénale roumaine était en souffrance. Or, l'instance en charge de

---

[1]Article 6 de l'ordonnance n° 58-1270 du 22 décembre 1958 portant loi organique relative au statut de la magistrature ; article 1 de la loi n° 71-1130 du 31 décembre 1971 portant réforme de certaines professions judiciaires et juridiques.

[2]Heinich. L., Bisaccia-Bernstein. D., Bourdié. K., Lepetit. C., « L'avocat et sa parole », *Revue pratique de la prospective et de l'innovation Lexis Nexis*, n° 2, novembre 2022, p. 55.

[3]Conseil Supérieur de la Magistrature, Parquet, P13, 9 octobre 1987.

sanctionner disciplinairement les juges en Roumanie a décidé de prendre une sanction à son égard. Celle-ci correspondait à une diminution de 5% du traitement dudit magistrat pendant deux mois. L'instance disciplinaire justifiait ce choix en ce que le magistrat n'avait pas respecté ses devoirs, et notamment ceux de *« ne pas porter atteinte à la dignité de leurs fonctions ou à l'impartialité et à l'indépendance de la justice, celui de faire preuve de retenue à chaque fois que l'autorité et l'impartialité du pouvoir judiciaire étaient en jeu ainsi que celui d'exprimer leurs opinions d'une manière prudente »* [1]. Cette affaire a été portée par le magistrat devant la Cour Européenne des Droits de l'Homme puisque, selon lui, la sanction disciplinaire portait atteinte à sa liberté d'expression. La Cour, par son arrêt, précise en premier lieu que le contexte de ces publications devait nécessairement être pris en compte et reconnait ce faisant que les propos tenus par le magistrat roumain intéressaient des questions d'intérêt général. En second lieu, la Cour reconnait le fait que l'existence d'une atteinte aux devoirs du magistrat n'avait pas été suffisamment appréciée de sorte que, par sa décision, l'instance disciplinaire n'avait *« pas accordé à la liberté d'expression de l'intéressé le poids et l'importance que pareille liberté méritait (...) cela même en présence de l'utilisation d'un moyen de communication »*. Dès lors, elle conclut à une violation de la liberté d'expression du magistrat et condamne l'État roumain. Force est de constater que, même s'il ne s'agit pas d'un magistrat français, la Cour Européenne des Droits de l'Homme prête non seulement attention à de telles problématiques concernant l'expression des magistrats sur les réseaux sociaux, mais protège aussi la liberté d'expression des magistrats sur les plateformes. Le second exemple concerne

---

[1] Cour Européenne des Droits de l'Homme, *Danilet c/ Roumaine*, 20 février 2024, §17.

quant à lui un avocat français. A l'occasion d'un pourvoi en cassation, la Cour de cassation avait eu à connaitre de l'affaire pour laquelle un avocat avait été condamné pénalement pour injure publique, à la suite d'un tweet sur le réseau social Twitter. En effet, par l'intermédiaire de son compte, l'avocat critiquait un plan réalisé par une association relevant du domaine de la Justice. Ce dernier a alors été reconnu coupable du délit d'injure publique. La Cour de cassation a décidé de casser et annuler l'arrêt de la cour d'appel de Versailles en reconnaissant à l'avocat sa liberté d'expression. Par une motivation surprenante, elle a reconnu qu'il existait autour de ce plan des questions d'intérêt général de sorte *« qu'en dépit de leur outrance, de tels propos n'excédaient pas les limites admissibles de la liberté d'expression »*[1]. La liberté d'expression apparaît dès lors comme une source importante de protection des avocats et des magistrats. Elle peut aussi apparaitre comme une limite à la responsabilisation de ces derniers quant à leurs activités sur les plateformes. La liberté d'expression démontre que le régime juridique encadrant la présence des avocats et des magistrats sur les réseaux sociaux demeure complexe à appréhender. En effet, ces derniers peuvent rencontrer des difficultés à reconnaitre si leurs propos entrent ou non dans le cadre de la liberté d'expression. Mais cette même protection de la liberté d'expression met aussi en lumière toute la difficulté d'une telle régulation, tant celle-ci doit nécessairement tenir compte de cette liberté fondamentale, et ce, afin de ne pas lui porter une atteinte substantielle. Toutefois, cette même liberté d'expression qui protège les avocats et les magistrats, y compris sur les réseaux sociaux, n'est pas totale. Des abus peuvent en effet participer, à juste titre, à la mise en jeu de leur responsabilité civile et pénale.

---

[1]Chambre criminelle de la Cour de cassation, 8 janvier 2019, n° 17-81.396.

B : La possible responsabilité pénale et civile

En dépit de cette grande liberté d'expression dont bénéficient avocats et magistrats, il n'en demeure pas moins que ces derniers, par leurs propos ou leurs comportements sur les réseaux sociaux, sont susceptibles de voir engager leur responsabilité civile ou pénale. Sur le plan de la responsabilité pénale d'abord, les avocats demeurent responsables pénalement de leurs actes. En cela, *« il se peut en effet que le manquement commis engage la responsabilité pénale de l'avocat »*[1]. De même pour le magistrat, *« les magistrats peuvent être poursuivis et condamnés pour les infractions pénales qu'ils viendraient à commettre dans le cadre de leur vie privée ou de leur vie professionnelle »*[2]. Nombreuses sont les infractions qui peuvent s'appliquer à la suite d'un mauvais comportement des avocats et des magistrats sur les réseaux sociaux. A cet effet, il convient de songer au délit de violation du secret de l'enquête et de l'instruction[3]. A cet égard, il serait tout à fait possible d'envisager une telle situation lorsque le magistrat ou l'avocat, au détour d'une publication ou d'un message sur les plateformes, communiquent des informations protégées par ce secret. Afin de rester dans la thématique du secret, il faut encore songer au délit de violation du secret professionnel prévu à l'article 226-13 du Code pénal. Celui-ci vise donc à obliger le détenteur d'un secret obtenu, en raison de son état ou dans le cadre de sa profession, à ne pas le révéler à une autre personne. De ce fait, *« l'infraction concerne un nombre assez étendu de professions parmi lesquelles figurent notamment les magistrats (...), les*

---

[1]Taisne. J-J. et Douchy-Oudot. M., Répertoire de procédure civile Dalloz, Avocat, avril 2018, V° « Avocat ».

[2]Belfanti. L., Répertoire de procédure civile Dalloz, Magistrats, novembre 2018, V° « Magistrats ».

[3]Article 434-7-2 du Code pénal

avocats »[1]. En outre, il faut envisager les délits de presse d'injure et de diffamation[2]. En effet, la loi de 1881 *« s'applique sans restriction à tous les supports de communication, y compris électroniques »*[3]. *« Le réseau social, par définition, est le lieu de l'expression ab irato ».* En ce sens, *« l'injure et la diffamation y sont une parole structurante »*[4]. Si bien qu'à la suite d'un message ou d'une publication outrancière ou grossière, avocats et magistrats sont alors à même de pouvoir être les auteurs de tels méfaits. Afin d'illustrer ce propos, il convient de mentionner le cas d'un magistrat qui a vu sa responsabilité pénale engagée à la suite de propos directement tenus sur les plateformes, par l'intermédiaire de son compte personnel. A travers celui-ci, le magistrat en question avait tenu des propos *« outranciers »* et *« racistes »* à l'encontre de plusieurs internautes. Il s'est vu délivrer un rappel à la loi pour un tel comportement[5]. Sans porter une quelconque appréciation sur la sévérité de la sanction, car ce n'est pas ici l'objet du propos, il n'en demeure pas moins que chacun des professionnels, par une utilisation inconsciente des plateformes et en violation de la loi, peut donc voir sa responsabilité pénale engagée.

Sur le plan de la responsabilité civile ensuite, il convient également de rappeler ici que le comportement ou les propos d'un avocat sur les plateformes peuvent conduire à

---

[1]Malaba. V., *Droit pénal spécial*, Paris, Éditions Dalloz, 9e édition, 2020, 703p.
[2]Article 29 de la loi du 29 juillet 1881 sur la liberté de la presse.
[3]Brunet.L., « Diffamations et injures sur internet : les réseaux sociaux, zones de non-droit ? », *AJCT*, 2019, p. 79.
[4]Defferrard. F., « Réseaux sociaux et professionnels du droit : le risque pénal », *Dalloz IP/IT*, 2019, p. 471.
[5]Conseil Supérieur de la Magistrature, Parquet, 23 septembre 2021.

engager sa responsabilité civile[1]. D'une part, lorsqu'un avocat commet une faute dans le cadre de sa vie privée, y compris sur les réseaux sociaux, le droit commun de la responsabilité civile vient naturellement s'appliquer. D'autre part, l'avocat peut également engager sa responsabilité civile professionnelle. En effet, dès lors que la faute trouve son origine dans le cadre de l'exercice de l'activité de l'avocat, la victime peut tout à fait engager la responsabilité civile professionnelle de ce dernier. Envisagée à l'article 26 de la loi de 1971[2], cette responsabilité poursuit les mêmes règles que celle du droit commun. Ainsi, il convient pour la victime de démontrer l'existence d'une faute, d'un préjudice et d'un lien de causalité[3]. C'est ainsi qu'il serait tout à fait envisageable d'imaginer une situation où l'avocat pourrait voir sa responsabilité civile engagée, du fait d'un comportement ou d'un propos tenu sur les réseaux sociaux. Dans l'hypothèse où ce dernier viendrait violer son secret professionnel sur les réseaux sociaux, le client serait alors à même de poursuivre son conseil sur le plan de sa responsabilité civile professionnelle puisqu'un tel manquement relève néanmoins de l'activité de l'avocat. D'ailleurs, sur ce point, une réflexion intéressante se présente. Chaque avocat est tenu, au titre justement de cette responsabilité civile particulière, de souscrire une assurance de protection spécifique[4]. Cette assurance garantit au professionnel de pouvoir faire face à une potentielle condamnation et au client ou au tiers d'obtenir réparation. Toutefois, dans la

[1]Répertoire de procédure civile Dalloz, Avocat, Jean-Jacques Taisne et Mélina Douchy-Oudot, avril 2018.

[2]Loi n° 71-1130 du 31 décembre 1971 portant réforme de certaines professions judiciaires et juridiques

[3]Bénabent. A., *Droit des obligations*, Issy-Les-Moulineaux, LGDJ Lextenso, 18e édition, 2019, 744p

[4]Article 205 du décret numéro 91-11 97 du 27 novembre 1991 organisant la profession d'avocat.

mesure où les avocats sont de plus en plus nombreux sur les réseaux sociaux, et dans la mesure où aucun de ces avocats n'est à l'abri de commettre une faute civile de nature professionnelle sur ces plateformes, serait-il possible d'envisager une prise de conscience de ce potentiel risque par les assureurs ? Pourrait-on, dans les prochaines années, observer une nouvelle clause dans les polices d'assurance venant couvrir ou exclure ce risque ? Une question qui demeure, en l'état, impossible à trancher mais cette dernière méritait toutefois d'être envisagée dans le développement concernant la responsabilisation des avocats. Cette même idée est également applicable au cas des magistrats. Ces derniers peuvent tout d'abord, comme tout citoyen, voir leur responsabilité civile engagée pour tout comportement ou propos accompli ou tenu dans le cadre de sa vie privée. Comme pour l'avocat, c'est le droit commun de la responsabilité civile qui s'applique[1]. Toutefois, quid si de tels comportements ou propos venaient à être accomplis ou tenus sur les réseaux sociaux et s'inscrivant dans l'exercice de leurs fonctions ? Chaque faute professionnelle du magistrat accomplie à l'occasion de l'exercice de ses fonctions n'engage sa responsabilité propre que si cette dernière est détachable du service public de la justice. Dans le cas inverse, c'est-à-dire dans le cas où la faute se rattache au service public, le requérant peut engager la responsabilité de l'État[2]. Une réelle interrogation demeure à ce sujet et aucun auteur n'a encore traité cette question. Il serait pourtant envisageable qu'une telle situation se présente dans l'hypothèse où un procureur de la République publie un message sur les réseaux sociaux, par l'intermédiaire d'un compte officiel, et porte atteinte au

[1]Belfanti. L., Répertoire de procédure civile Dalloz, Magistrats, novembre 2018, V° « Magistrats ».

[2]Article 11-1 de l'ordonnance n° 58-1270 du 22 décembre 1958 portant loi organique relative au statut de la magistrature.

principe de la présomption d'innocence par exemple. Ici, le procureur aurait agi dans le cadre de ses fonctions, en qualité de procureur de la République et dans sa mission de communication. Si bien que cette faute ne pourrait dès lors pas être considérée comme détachable du service public de la justice. C'est alors que le tiers victime de cette atteinte pourrait tout à fait venir engager la responsabilité de l'État en raison de la faute de ce magistrat. La faute lourde prévue par l'article L. 141-1 du Code de l'organisation judiciaire pourrait être démontrée. Certes, cette question n'est pas tranchée mais une telle possibilité peut demeurer envisageable. Ainsi, que ce soient les magistrats ou les avocats, chacun de ces professionnels est susceptible de voir sa responsabilité civile engagée pour une faute commise par l'intermédiaire des plateformes.

Enfin, toujours dans cette idée de responsabilisation des magistrats, un mécanisme intéressant a été utilisé pour la première fois, il y a quelques années, afin de mettre en garde un magistrat à la suite de propos tenus sur les plateformes. Il s'agit du mécanisme de l'avertissement. A mi-chemin entre *« outil hiérarchique et mesure pré-disciplinaire »*[1], l'avertissement est prévu par l'article 44 de l'ordonnance de 1958[2]. C'est ainsi que *« l'inspecteur général, chef de l'inspection générale de la justice, les premiers présidents, les procureurs généraux et les directeurs ou chefs de service à l'administration centrale ont le pouvoir de donner un avertissement aux magistrats placés sous leur autorité »*. Concrètement, le magistrat est convoqué à un entretien avec l'une des personnes susmentionnées afin d'échanger sur la

---

[1]Bigot. T., « Loyauté d'un magistrat du parquet qui s'affranchit des orientations de politique pénale », *Dalloz actualité*, mai 2021, [consulté le 2 novembre 2023].
[2]Ordonnance n° 58-1270 du 22 décembre 1958 portant loi organique relative au statut de la magistrature.

difficulté ayant rendu nécessaire une telle procédure. Puis, une fois la décision prise, cette dernière se retrouve inscrite au dossier du magistrat et effacée automatiquement si aucune autre difficulté ne se produit dans un délai de cinq années. Dès lors, cette technique, au demeurant très intéressante, participe à n'en pas douter à une responsabilisation des magistrats de l'ordre judiciaire en ce qu'une telle mention au dossier de ces derniers peut avoir des conséquences importantes en termes d'avancement de carrière par exemple. C'est ainsi que cette procédure a été utilisée pour la première fois, à l'encontre d'une magistrate, à la suite de ses propos tenus sur les réseaux sociaux. En effet, celle-ci, à travers une publication, avait tenu des *« propos agressifs »*[1] contre deux autres magistrats. Un de ses supérieurs hiérarchiques avait décidé de prononcer à son encontre un avertissement. A la suite d'un pourvoi en cassation devant le Conseil d'État, ce même avertissement a été validé[2]. Dès lors, *« l'expression inappropriée du magistrat sur les réseaux sociaux »* peut permettre le prononcé d'une telle mesure. Il apparait que les perspectives de responsabilisation des magistrats de l'ordre judiciaire offertes par cette technique sont grandes. Elle promet effectivement un contrôle plus régulier, plus direct des magistrats et de leurs expressions sur les plateformes. Nul doute que ce mécanisme pourra être appelé à se développer dans les prochaines années. En définitive, les faits permettant d'engager la responsabilité civile et pénale des avocats et des magistrats sont rares en pratique. Mais la régulation de l'utilisation des réseaux sociaux par ces professionnels passe aussi par ce rappel nécessaire.

---

[1]Bigot. T., « Loyauté d'un magistrat du parquet qui s'affranchit des orientations de politique pénale », *Dalloz actualité*, mai 2021, [consulté le 2 novembre 2023].
[2]Conseil d'État, 28 avril 2021, n° 441537.

Paragraphe 2 : La mise en œuvre d'un accompagnement en amont

La régulation de l'usage des réseaux sociaux par les avocats et les magistrats passe également par un accompagnement, en amont de toute mise en œuvre de leur responsabilité, que ce soit avec la mobilisation des organes professionnels (A) ou avec la formation (B).

A : Le rôle des organisations professionnelles

La présence et l'exposition des magistrats et des avocats sur les réseaux sociaux ont conduit les organes professionnels de ces derniers à réagir et à se mobiliser. Cela se traduit par la mise en place d'un accompagnement en amont de toute mise en œuvre de leur responsabilité, qu'elle soit civile, pénale ou disciplinaire. En premier lieu, plusieurs organes professionnels, préexistant à l'arrivée des réseaux sociaux, se sont vu confier une nouvelle mission, celle de rendre des avis déontologiques en rapport avec les plateformes. Ces organes professionnels sont distincts pour les avocats, pour les magistrats de l'ordre administratif et pour ceux de l'ordre judiciaire. Concernant les magistrats de l'ordre judiciaire tout d'abord, le Conseil Supérieur de la Magistrature illustre parfaitement cette idée d'adaptation pour intégrer à ses missions le sujet des réseaux sociaux. Ce dernier, *« indépendamment des questions relatives aux nominations et à la discipline, donne son avis sur des questions de portée générale intéressant le fonctionnement de la justice »*[1]. Le Conseil Supérieur de la Magistrature a été récemment saisi par une demande du ministre de la Justice. Celle-ci portait sur plusieurs points intéressant la

---

[1]Perrot. R., Beignier. B., Miniato. L., *Institutions judiciaires*, Paris, LGDJ, 18e édition, 2020, p. 64.

déontologie des magistrats, et mentionnait également le thème des réseaux sociaux. C'est alors que le Conseil a rendu un avis le 13 décembre 2023 dans lequel il a pu apporter quelques précisions quant à l'usage des réseaux sociaux par les magistrats de l'ordre judiciaire. Cet avis a été l'occasion d'expliquer que l'utilisation d'un réseau social sous couvert d'anonymat pour un magistrat était sans égard quant à la nécessité de respecter ses obligations professionnelles. En d'autres termes, *« le prétendu anonymat qu'apporteraient certains réseaux sociaux ne saurait affranchir le magistrat des devoirs de son état »*[1]. De même, toujours à l'occasion de cet avis, le Conseil Supérieur de la Magistrature a également eu l'occasion de rappeler que *« les magistrats ne peuvent pas s'abandonner aux facilités qui menacent sur ces réseaux : trivialités, véhémence, imprudences »*[2]. Ensuite, concernant les magistrats de l'ordre administratif, le Collège de déontologie de la juridiction administrative a également été amené à jouer un rôle dans l'accompagnement en amont des magistrats relevant de cet ordre. Installé en 2012[3], ce Collège a notamment pour mission celle de rendre des avis déontologiques faisant suite à une demande d'un membre de la juridiction administrative[4]. Il a ainsi pu rendre un avis, le 20 novembre 2023, par lequel il a pu exposer son point de vue sur l'expression d'un magistrat administratif sur les réseaux sociaux. Dès lors, *« un magistrat qui œuvre principalement dans le domaine régi par le code de l'entrée et du séjour des étrangers et du droit d'asile, doit s'abstenir de tout commentaire qui pourrait laisser croire que la*

---

[1]Avis de la formation plénière du Conseil supérieur de la magistrature du 13 décembre 2023, p. 18.
[2]Avis de la formation plénière du Conseil supérieur de la magistrature du 13 décembre 2023, p. 19.
[3]Lantero. C., « Le juge administratif sur les réseaux sociaux », *JCP admin. et coll. territoriales*, n° 3, Janvier 2022, p. 1.
[4]Article L131-6 du Code de justice administrative.

nature de ses convictions serait un obstacle à une justice impartiale »[1]. Bien que les solutions de ces avis puissent apparaitre évidentes, encore faut-il que ces dernières soient écrites et publiées afin que les magistrats puissent les prendre en considération dans leurs utilisations des réseaux sociaux.

Du côté des avocats, cette mobilisation des organes professionnels appelle à parler du rôle de la Commission des règles et usages du Conseil National des Barreaux[2]. Cette dernière, bien qu'ancienne a également dû s'adapter aux évolutions technologiques, ainsi qu'à l'investissement des réseaux sociaux par nombre d'avocat, pour rendre des avis sur cette thématique[3]. C'est ainsi que la Commission a pu préciser, dès 2011, que *« s'agissant des liens hypertextes renvoyant à des pages personnelles sur les réseaux sociaux, le devoir de dignité de l'avocat l'incitera nécessairement à la plus grande prudence quant aux risques de confusion pouvant naitre entre sa vie privée et sa vie professionnelle »*[4]. En outre, en 2016, la Commission a pu dire qu'un avocat pouvait mettre en place et participer à des *Live Tweets*[5] à la condition de *« donner aux autres utilisateurs du réseau social des réponses qui relèvent du seul domaine de l'information juridique. Il ne peut donc*

[1]Collège de déontologie de la juridiction administrative, avis n° 2023-11 du 20 novembre 2023.

[2]Commission règles et usages du Conseil National des Barreaux https://www.cnb.avocat.fr/avis-deontologiques-recommandations.

[3]Enkaoua. C., « Avocats et réseaux sociaux : une communication à encadrer », *Gaz. Pal.*, n°12, 4 avril 2023, p. 3.

[4]Conseil National des Barreaux, Comm. RU, avis n° 2011-054 du 19 décembre 2011.

[5]Pratique réalisée sur le réseau social Twitter et qui permet à chaque utilisateur de pouvoir rédiger des textes qui se suivent afin de relater une expérience ou, en l'occurrence ici, le déroulement d'un procès en direct.

réaliser, dans un tel cadre, des consultations juridiques »[1]. Cette position a d'ailleurs récemment été rappelée et étendue par le Barreau de Paris, en 2023, à toutes les vidéos diffusées en direct sur les réseaux sociaux[2]. De même, en 2021, la Commission des règles et usages du Conseil National des Barreaux a eu l'occasion d'éclairer un avocat sur la possibilité de faire ou non un jeu concours sur les réseaux sociaux. Par son avis, elle a pu relever qu'aucune disposition déontologique n'interdisait une telle pratique. Dès lors, celle-ci était possible sous réserve *« du respect d'une forme d'expression bienséante ainsi que de la conformité de son opération à la réglementation applicable aux jeux-concours »*[3]. Il ressort donc de ce qui précède une mobilisation des organes professionnels afin de guider avocats et magistrats dans leurs utilisations des réseaux sociaux. Ces avis viennent également interpréter les textes portant les devoirs déontologiques des professionnels et ainsi préciser la règlementation applicable sur ce thème.

L'existence et le constat de mauvaises utilisations de ces plateformes par les avocats ont également conduit certains organes professionnels à créer de nouvelles commissions déontologiques spécifiques aux réseaux sociaux. C'est alors que certains Conseils de l'ordre se sont mobilisés, à l'image de celui du Barreau de Paris comme mentionné *supra*. Ce dernier a créé en 2020 la Commission de déontologie *« Réseaux sociaux et médias »*. Cette même commission, qui a été rebaptisée *« Commission Publicité & Réseaux sociaux »* en 2021, s'applique à rendre des avis

---

[1]Conseil National des Barreaux, Comm. RU, avis n° 2016-014 du 12 février 2016.

[2]Guide Pratique « Médias et réseaux sociaux », 2023, Barreau de Paris, p. 8.

[3]Conseil National des Barreaux, comm. RU, avis n° 2021-015 du 15 mai 2021.

déontologiques sur toute question posée par les avocats[1]. C'est ainsi que cette Commission a pu rendre de nombreux avis intéressant spécialement l'utilisation des réseaux sociaux. Elle s'est notamment prononcée sur l'obligation qui pèse sur l'avocat titulaire d'un compte sur les réseaux sociaux de rendre inaccessible, et sans délai, les commentaires inappropriés sous chacune de ses publications[2]. A l'occasion d'un autre avis, elle a pu préciser que *« l'avocat doit s'abstenir d'interpeller la partie adverse et son avocat de manière identifiable, à l'occasion d'interventions dans les médias et des publications réalisées sur ses comptes de réseaux sociaux »*[3]. Enfin, elle a également précisé que *« les comptes personnels et professionnels de l'avocat doivent être dissociés, tant dans leur présentation que dans leur contenu »*[4]. Il apparait dès lors une réelle mobilisation du Conseil de l'ordre du Barreau de Paris afin d'interpréter les textes et de fournir aux avocats des compléments d'information et des précisions spécialement sur cette thématique. Toutefois, il semble ici intéressant de noter l'inégalité entre les Barreaux de France. La mobilisation du Barreau de Paris semble bien une exception par rapport à tous les autres. En outre, bien que cette extension des avis sur la thématique des réseaux sociaux soit louable et profitable pour ces professionnels du droit, il ne demeure pas inintéressant de constater d'abord la tardiveté de leurs premières interventions. Alors que les réseaux sociaux sont apparus et ont commencé à être utilisés par les avocats et les magistrats au début des années 2000, il a fallu attendre 2011 pour un premier avis du côté des avocats et encore

---

[1]Enkaoua. C., « Avocats et réseaux sociaux : une communication à encadrer », *Gaz. Pal.*, n°12, 4 avril 2023, p. 3.
[2]Conseil de déontologie Paris, avis n°123/34.5986, 15 novembre 2021
[3]Conseil de déontologie Paris, avis n°123/361880, 5 avril 2023
[4]Conseil de déontologie Paris, avis n°123/381895, 10 juillet 2023.

plusieurs années pour les magistrats. Ensuite, il semble qu'il faille remarquer un autre point important. Ces avis sont uniquement *« circonstanciés »*[1] en ce qu'ils découlent d'une demande préalable par différents acteurs. De ce fait, ces avis bien qu'importants ne sont encore que peu nombreux. En définitive, la régulation de l'utilisation des plateformes par les avocats et les magistrats doit nécessairement passer par un accompagnement en amont avant toute mise en jeu de leur responsabilité, et ce qu'elle soit civile, pénale ou disciplinaire. La technique des avis déontologiques apparait comme une solution afin de pallier les manquements et les insuffisances des textes fixant les obligations déontologiques des professionnels du droit sur le thème des réseaux sociaux. Toutefois, même avec ces avis, de nombreux points demeurent absents ou inconnus de la part des professionnels. Des progrès semblent encore pouvoir être accomplis, afin de renforcer l'information des professionnels sur le sujet des réseaux sociaux et d'éviter *in fine* de potentielles erreurs ou fautes professionnelles.

---

[1]Brugère. S., Laurent. J., « Déontologie, médias et réseaux sociaux », *Gaz. Pal.*, n°29, août 2021, p. 19.

B : Le développement de la formation

Parce que l'existence d'une régulation de l'usage des réseaux sociaux n'a de sens pour être efficace que si elle est enseignée, les écoles formant les futurs avocats et magistrats ont dû adapter leurs programmes de formation en conséquence, en y intégrant les réseaux sociaux. En effet, nombreux étaient les observateurs à avoir appelé à un tel développement quant aux formations des futurs professionnels. Ainsi, il était possible de lire *« il est peu de dire qu'un effort de sensibilisation, à l'occasion des formations initiales et continues, pourrait constituer un premier garde-fou contre des dangers qui ne sont ni virtuels ni éphémères »*[1]. D'autres observateurs faisaient encore le reproche que cette nouvelle tendance de présence et d'utilisation des plateformes, notamment pour les magistrats, *« n'avait été que peu accompagné d'une sensibilisation adaptée aux professionnels à risque »*[2]. Enfin, le rapport du Conseil Supérieur de la Magistrature en 2018 mentionnait quant à lui que l'usage des réseaux sociaux *« implique une bonne information sur les conditions d'utilisation et de fonctionnement des dits réseaux »*[3]. C'est ainsi que de nouvelles offres de formation sont apparues, aussi bien pour la formation initiale que pour la formation continue, permettant aux avocats ainsi qu'aux magistrats d'en apprendre davantage sur l'usage et les bonnes pratiques de ces plateformes.

D'abord, les écoles ont investi sur le plan de la formation initiale. En effet, que ce soit l'École Nationale de la

---

[1]Defferrard. F., « Réseaux sociaux et professionnels du droit : le risque pénal », *Dalloz IP/IT*, 2019, p. 471.
[2]Martinon. J., « Le réseau social, faux ami du magistrat judiciaire », *Dalloz IP/IT*, 2019, p. 480.
[3]Rapport d'activité du CSM 2018.

Magistrature ou les divers Centres Régionaux de Formation à la Profession d'Avocat, tous ont fait le choix d'adapter leur programme pour les nouvelles promotions afin de traiter de la question des réseaux sociaux. Une formation en amont de l'entrée en fonction ou en activité est devenue d'autant plus nécessaire non seulement en raison de l'utilisation toujours plus grande des réseaux sociaux par les avocats et les magistrats, mais aussi en raison de l'apparition des nouvelles générations de professionnels et de futurs professionnels dans les écoles. Ainsi que le relève une étude réalisée par les auditeurs de justice en mars 2017, *« 91 % des auditeurs avaient un compte Facebook, 20 % étaient sur Twitter ou Instagram, plus de 20 % faisaient un usage quotidien des réseaux sociaux »*[1]. Le constat est le même pour les élèves-avocats en ce que *« La génération Z qui arrive bientôt en cabinet (...) a ses spécificités : ils sont actifs sur les réseaux sociaux »*[2]. Les écoles se sont donc trouvées confrontées à un nouveau public, composé d'élèves plus actifs sur les réseaux sociaux et faisant partie d'une génération qui connait et utilise déjà ces derniers, à des fins personnelles. Si bien qu'une utilisation sans sensibilisation aux enjeux des réseaux sociaux, par rapport à leurs futures professions ou fonctions, expose davantage les « élèves » aux dérives et aux écueils dans leur vie professionnelle. C'est alors que le programme de formation initiale des auditeurs de justice à l'École Nationale de la Magistrature, pour l'année 2023-2024, se compose de huit pôles dont un est spécialement consacré à la communication judiciaire. Ce dernier vise notamment à *« l'acquisition des*

---

[1]Valton. V., « L'exigence d'impartialité des juges à l'épreuve des réseaux sociaux », *Revue de l'Union Syndicale des Magistrats*, n°430, mars 2020, p. 6.
[2]Kebede. E., « Comprendre les ressorts de la nouvelle génération d'avocats : une stratégie gagnante », *Revue pratique de la prospective et de l'innovation*, n° 2, novembre 2022, p. 52.

principes d'une communication publique dans le respect des principes directeurs et des règles déontologiques ». A travers celui-ci, les auditeurs de justice bénéficient donc d'enseignements concernant les sujets de la communication institutionnelle ou encore de la médiatisation des dossiers. Si bien que cette unité de formation permet aux enseignants et intervenants de pouvoir traiter de la question des réseaux sociaux et, dès lors, de leur apprendre les bonnes pratiques et les écueils à éviter, au nom du respect de leurs devoirs déontologiques. De même, l'École Nationale de la Magistrature traite, par l'intermédiaire du pôle de formation « humanité judiciaire », la question des réseaux sociaux en ce que ce dernier s'intéresse à *« l'impact des nouvelles technologies dans l'acte de juger et sur l'office du magistrat »*[1]. Cela permet alors une nouvelle fois de sensibiliser les auditeurs de justice aux risques et écueils des réseaux sociaux. En sus, il convient de mentionner le développement, depuis 2015, de travaux collectifs intéressant directement les auditeurs de justice. Ainsi, chaque année, ces derniers ont l'occasion de traiter la *« question de l'utilisation des réseaux sociaux par les magistrats et par les auditeurs de justice ».* A l'issue de ces travaux, *« le résultat de leur réflexion fait l'objet d'une restitution en amphithéâtre à l'ensemble de la promotion sous forme de table ronde où s'expriment différents points de vue »*[2]. C'est donc une nouvelle opportunité pour les auditeurs de justice de cerner les problématiques et les risques qu'une telle présence et une telle utilisation peuvent engendrer, et permettre en outre de traiter du sujet en y intégrant le respect des obligations déontologiques. Pour ce

---

[1]Programme 2023 (formation initiale des magistrats) https://www.enm.justice.fr/api/getFile/sites/default/files/2023-03/PP_ADJ_2023.pdf.

[2]Perreux. E., « Enseigner l'éthique et la déontologie aux futurs magistrats », *Les cahiers de la justice Dalloz*, 2018, p. 267.

qui est des magistrats administratifs, la formation initiale est assurée par le centre de formation de la justice administrative. Or, très peu d'informations librement accessibles permettent d'envisager le contenu de ladite formation. Et lorsqu'elles le sont, à l'instar du dernier rapport d'un syndicat de la magistrature administrative, aucune information n'apparait sur une éventuelle sensibilisation de ces futurs professionnels à la thématique des réseaux sociaux[1].

Concernant maintenant les Centres Régionaux de Formation à la Profession d'Avocat, ces derniers ont également intégré les réseaux sociaux au sein de leur programme. En effet, la formation initiale des élèves-avocats fait l'objet d'une harmonisation nationale décidée par le Conseil National des Barreaux[2]. Mais il n'en demeure pas moins que ces centres disposent d'une marge de manœuvre en pouvant inscrire à leur programme des thématiques de formation supplémentaires[3]. C'est ainsi que le Conseil National des Barreaux a relevé *« l'effort important fait par les écoles pour dispenser une formation qui, sous tous ses angles y compris déontologiques, aborde les questions liées au numérique et aux nouvelles technologies de communication »*[4]. Nombre de ces Centres

---

[1]Syndicat de la justice administrative – rapport sur le conseil supérieur des tribunaux administratifs et des cours administratives d'appel du 12 mars 2024, http://lesja.fr/images/fichiers/cr/2024.03.12_SJA_-_PCM_CSTACAA_mars_2024.pdf.

[2]Article 21-1 de la loi n° 71-1130 du 31 décembre 1971 portant réforme de certaines professions judiciaires et juridiques.

[3]Kebede. E., « Comprendre les ressorts de la nouvelle génération d'avocats : une stratégie gagnante », *Revue pratique de la prospective et de l'innovation*, n° 2, novembre 2022, p. 52.

[4]Rapport du groupe de travail sur la présomption d'innocence « la présomption d'innocence : un défi pour l'État de droit », octobre 2021, p. 41.

proposent ainsi des cours directement en lien avec les réseaux sociaux. Ainsi, il faut songer à l'École des Avocats Sud-Ouest Pyrénées qui propose, en plus du programme harmonisé, un cours concernant la gestion des réseaux sociaux[1]. De même, la Haute École des Avocats Conseils a ainsi étoffé son offre de formation en proposant des heures de cours intitulées *« Numérique, l'avocat connecté et l'e-réputation »* et même un « *cours optionnel sur la thématique de la création et de la gestion d'une chaine YouTube* »[2]. Cet investissement croissant des écoles dans la formation et la sensibilisation aux réseaux sociaux des futurs avocats et magistrats ne peut que s'avérer prometteur pour l'avenir. Toutefois, cet investissement sur la formation initiale, en ce qu'elle profite seulement aux nouveaux élèves suivant encore leur formation, n'est pas suffisant. En effet, les autres professionnels déjà en poste ou en activité ne peuvent par nature pas bénéficier de ces enseignements.

C'est alors que les écoles, et plus généralement les organes professionnels, ont également investi sur le plan de la formation continue, et ce en multipliant les offres concernant directement les réseaux sociaux. Que ce soient les avocats ou les magistrats, tous ont une obligation de formation continue chaque année[3]. Cette formation continue permet alors à chacun des professionnels de pouvoir découvrir de nouvelles pratiques ou de nouvelles

---

[1]École des avocats Sud-Ouest Pyrénées, p. 23, https://www.calameo.com/read/00464015510a9b18dd5bc?page=3.

[2]Haute école des avocats conseil, p10 à 13, https://hedac.fr/images/INSCRIPTION/PROMO2023/Programme_HEDAC_2023.pdf.

[3]Article 14-2 de la loi n° 71-1130 du 31 décembre 1971 portant réforme de certaines professions judiciaires et juridiques ; article 14 de l'ordonnance n° 58-1270 du 22 décembre 1958 portant loi organique relative au statut de la magistrature ; article L233-10 du Code de justice administrative.

thématiques. C'est ainsi que depuis plusieurs années maintenant, nombreuses sont les formations proposées à ces professionnels afin de les sensibiliser aux risques et de les former à l'usage des réseaux sociaux. Ainsi, il faut citer, du côté des avocats, la récente formation de la Haute École des Avocats Conseils, qui s'est tenue le 22 novembre 2024, intitulée *« la communication numérique de l'avocat, déontologie et bonnes pratiques »*[1]. Les magistrats ne sont également pas en reste puisqu'ils peuvent aussi bénéficier d'une formation, sur trois journées chaque année depuis 2017, intitulée *« les réseaux sociaux, entre exposition de soi et vie privée »*[2]. Elle permet de montrer *« les atouts mais aussi les pièges de l'usage des réseaux sociaux pour les magistrats »* ou encore *« les questions soulevées par la pratique des Live Tweets »*[3]. Toutefois, concernant la formation continue des magistrats administratifs, aucune information n'est disponible à ce sujet. En définitive, il y a donc une réelle prise en compte des réseaux sociaux dans la formation même des nouveaux avocats et des magistrats, mais également de plus en plus de formations continues proposées sur le sujet, élément indispensable afin de permettre à tout avocat ou magistrat d'avoir une connaissance suffisante de cet environnement, des bonnes pratiques requises et des potentiels risques. Il s'agit cependant de relever ici le caractère inégal de l'offre de formation selon la qualité du professionnel ou l'école

---

[1]Formation continue Haute école des avocats conseils http://www.hedac.fr/formation-continue/catalogue-de-formations-2/product/1318-fc24c120.

[2]Catalogue de formation continue 2024 École Nationale de la magistrature, p. 47 https://www.enm.justice.fr/api/getFile/sites/default/files/2023-07/Catalogue_FC_2024_BD.pdf.

[3]Valton. V., « L'exigence d'impartialité des juges à l'épreuve des réseaux sociaux », *Revue de l'Union Syndicale des Magistrats*, n°430, mars 2020, p. 6.

choisie. Nul doute que ces formations seront appelées à évoluer et à se développer encore à l'avenir. Mais elles traduisent déjà une volonté salutaire de la part des écoles et des organes professionnels de s'engager dans l'accompagnement et la sensibilisation des professionnels du droit sur la thématique des réseaux sociaux.

Que ce soit la conséquence ou le résultat direct d'un régime juridique incomplet, peu lisible et intelligible, il n'en demeure pas moins que la pertinence de la présence des avocats et des magistrats sur les réseaux sociaux se trouve néanmoins soumise à la discussion.

Chapitre 2 : Une présence discutée

La présence des avocats et des magistrats sur les réseaux sociaux ne fait pas l'unanimité. Certains arguments vont en faveur d'une exposition risquée pour ces professionnels (Section 1), quand d'autres vont en faveur d'une exposition porteuse d'espoir pour l'avenir (Section 2).

Section 1 : Une exposition controversée

L'exposition des avocats et des magistrats sur les plateformes comporte des risques non seulement sur le plan personnel (Paragraphe 1), mais également sur le plan professionnel (Paragraphe 2).

Paragraphe 1 : Les dangers sur le plan personnel

A ce titre, les magistrats et les avocats peuvent être des victimes potentielles sur les plateformes (A), mais ils peuvent aussi porter atteinte aux droits des tiers (B).

A : Des victimes potentielles

L'utilisation des réseaux sociaux par les magistrats et les avocats comporte des risques. Il est désormais admis que ces derniers peuvent être de potentielles victimes d'attaques personnelles sur les réseaux sociaux. En effet, nombreux sont les constats de la pratique ou de la doctrine faisant précisément référence à ce fléau. Ainsi peut-on lire qu'il existe *« un risque exogène pour le professionnel du droit lorsque ses propres actions ou déclarations sur le réseau social (...) sont susceptibles de le rendre victime d'une ou plusieurs infractions pénales »*[1]. Du côté des avocats, il est notamment admis que *« les cabinets d'avocats sont confrontés (...) à des risques amplifiés par ces nouveaux outils : (...) perte du contrôle de leur communication extérieure »*[2]. Du côté des magistrats, le constat est le même en ce qu'ils *« s'exposent à leur tour à une prise à partie »* avec l'existence de *« certaines publications qui peuvent également viser des magistrats ad hominem »*[3]. Bien au-delà d'une simple éventualité, les magistrats et les avocats sont déjà, pour certains d'entre eux, concernés par ces phénomènes. Ce dernier peut prendre de multiples formes et modes d'expression. Ainsi, ces attaques personnelles dirigées contre ces professionnels du droit peuvent advenir par messages privés, par un simple commentaire sous une publication dont le magistrat ou l'avocat est l'auteur, ou encore par une publication autonome. Les attaques sont aussi plurielles tant par leurs formes d'expression que par leurs degrés. Elles peuvent en effet s'illustrer par l'intermédiaire *« des commentaires désobligeants, voire orduriers ! »*[4], d'une injure, en allant même parfois jusqu'au harcèlement[5], en passant par des tentatives *« d'extorsion ou de chantage »*, voire des *« menaces et actes d'intimidation, y compris de mort »*[6] . Il est bien évidemment nécessaire de rappeler ici que ces

---

[1]Defferrard. F., « Réseaux sociaux et professionnels du droit : le risque pénal », *Dalloz IP/IT*, 2019, p. 471.

[2]Lebescond. A., « Communication des avocats sur internet - Questions à Christiane Féral-Schuhl », *La lettre juridique*, mars 2010.

[3]Rapport « les obstacles à l'indépendance du pouvoir judiciaire », Commission d'enquête de l'Assemblée Nationale, septembre 2020.

[4]Martineau. F., « Indépendance de la justice, indépendance du magistrat », *Gaz. Pal.*, n°8, février 2021, p3.

[5]Badonneau. M., « Réseaux sociaux et pouvoir judiciaire : la nécessaire « incarnation » ? », *Dalloz actualité*, 30 octobre 2019 [consulté le 2 novembre 2023].

[6]Defferrard. F., « Réseaux sociaux et professionnels du droit : le risque pénal », *Dalloz IP/IT*, 2019, p471.

attaques existaient déjà avant l'apparition des réseaux sociaux. Les magistrats et les avocats pouvaient alors être victimes d'attaques en tout genre, par voie de presse ou directement par la parole d'un tiers. Il n'en demeure pas moins que, même s'il est impossible d'attribuer aux réseaux sociaux la création de ces phénomènes, il apparait toutefois possible de leur reconnaitre un rôle amplificateur.

La physionomie même des réseaux sociaux peut être identifiée comme l'une des principales causes. La promesse des plateformes est bien celle de pouvoir communiquer à tout moment, avec n'importe qui, en mettant à disposition des utilisateurs les moyens nécessaires. Ainsi, *« chacun se trouve doté de la possibilité d'écrire directement, au vu de tous, à la personne de son choix (...) dont il n'est plus besoin de détenir l'adresse de courriel ou d'être autorisé à être son ami sur Facebook »*[1]. Dans le sens inverse, *« dès que l'internaute ouvre un compte, il est susceptible de recevoir des messages de la part de gens qu'il ne connait pas et qu'il ne rencontrera peut-être jamais »*[2]. En clair, les réseaux sociaux ont eu pour conséquence d'abattre les frontières physiques qui pouvaient exister dans la vraie vie. Les frontières qui, à l'époque et à n'en pas douter, pouvaient assurément agir en guise de filtre de la parole en permettant retenue et réflexion. L'idéologie des réseaux sociaux n'est pas en reste sur ce rôle amplificateur des attaques contre les professionnels du droit. En effet, les plateformes présentent comme caractéristiques d'être des espaces de presque totale liberté de parole et d'expression. Il existe à travers ces dernières des inévitables dérives. Lorsqu'il s'agit de parler des réseaux sociaux, les

---

[1]Fourrey. T., « Twitter et le droit de la presse », *RLDI*, n° 109, 2014, pp. 67-70.

[2]Fourrey. T., « Twitter et le droit de la presse », *RLDI*, n° 109, 2014, pp. 67-70.

remarques des observateurs ne sont pas moindres à ce sujet. Ainsi, peut-on entendre qu'ils sont des espaces se faisant *« l'écho démultiplié des commentaires désobligeants, propos irrespectueux, voire outrageants »*[1]. Certains n'hésitent pas à parler des réseaux sociaux comme d'une *« sorte de jungle où tous les coups sont permis »*[2]. Enfin, les réseaux sociaux possèdent également la particularité certaine de placer tous ses utilisateurs au même niveau. A travers ces réseaux, *« tous les types de parole sont égalisés »* et *« toute séparation objective, toute hiérarchie, y ont été abolies »*[3]. Il apparait nécessairement une perte de hiérarchie entre les utilisateurs. Les magistrats et les avocats se retrouvent donc ainsi placés dans une même position que tous les autres utilisateurs. Quelconque forme d'autorité ou d'honneur se retrouve mise à mal par les réseaux sociaux. Cette simplicité d'entrer en contact avec ces professionnels renforce l'idée selon laquelle avocats et magistrats peuvent être de potentielles victimes. Malgré leurs fonctions, il existe des situations à travers lesquelles les avocats et les magistrats restent des internautes comme les autres. Comme tous les autres internautes, leurs présences sur les plateformes les exposent à ces dérives aussi détestables soient-elles. Ces situations sont d'autant plus inquiétantes qu'elles sont également sources d'enjeux importants. Ainsi s'agit-il ici de penser à la sécurité des magistrats et des avocats. Ces derniers, par leurs fonctions et leurs rôles dans la société, sont davantage exposés face aux menaces et, dans les cas les plus sombres, aux passages à l'acte. Ce

---

[1]Brugère. S., Ganier-Raymond. N., « Liberté, respect, confraternité », *Bulletin du Barreau de Paris*, octobre 2020.

[2]Rapport du groupe de travail sur la présomption d'innocence « la présomption d'innocence : un défi pour l'État de droit », octobre 2021, p. 21.

[3]Von der Weid. G., « Quelle justice sur les réseaux sociaux ? », *Les Cahiers de la Justice*, vol. 3, n°3, 2017, pp. 521-529.

faisant, ils peuvent tout à fait devenir des cibles pour des personnes mal intentionnées, qui ne seraient pas d'accord avec un jugement ou encore le choix d'une défense. Il existe également un enjeu certain d'autorité de l'institution judiciaire. Permettre à des tiers de commettre de tels actes contre des magistrats ou des avocats, qui incarnent la justice, a nécessairement pour pendant l'affaiblissement de l'autorité de celle-ci.

Toutefois, il apparaît que des solutions existent, non pas pour endiguer totalement le fléau, mais à tout le moins pour permettre aux magistrats et aux avocats de s'en prémunir du mieux possible. En premier lieu, il s'agit nécessairement de l'existence des dispositions du Code pénal qui peuvent venir s'appliquer lorsque le magistrat ou l'avocat se retrouvent face à de tels faits. Il faut songer ici à l'injure, à la diffamation, au harcèlement ou même encore à la menace de mort. Dernièrement, une nouvelle infraction a été créée par la loi du 24 août 2021. Cette dernière prévoit le délit de mise en danger de la vie d'autrui par la diffusion d'informations relatives à la vie privée, familiale ou professionnelle[1]. Cette même infraction pouvant être aggravée par le fait que les informations diffusées concernent les personnes dépositaires de l'autorité publique ou celles chargées d'une mission de service public[2]. Au-delà d'une protection sur le champ pénal, d'autres dispositifs, relevant cette fois de la volonté propre des magistrats et des avocats, pourraient être mis en œuvre. A ce titre, il convient de prêter une attention particulière au paramétrage des comptes sur les réseaux sociaux. Ces derniers, qui *« sont*

[1]Article 223-1-1 du Code pénal.

[2]Perrot. P., « Le droit bousculé par les réseaux sociaux : l'exemple de la loi n° 2021-1109 du 24 août 2021 confortant le respect des principes de la République », *Dalloz IP/IT*, 2022, p. 192.

paramétrés par défaut comme étant publics »[1], augmentent le risque d'atteinte directe. Ainsi, par une simple opération dans les réglages des comptes, les avocats et les magistrats pourraient assurément restreindre les possibilités pour les tiers de les contacter directement et, *de facto,* les prémunir de ces potentielles atteintes. Il relève également du bon sens, dans un objectif de protection de leur personne, de rappeler aux magistrats et aux avocats qu'ils restent responsables des informations qu'ils communiquent sur les plateformes. Il s'agirait alors de leur conseiller d'éviter toute information superflue qui pourrait donner des indications sur leur vie privée[2]. Alors même que les récents dispositifs législatifs s'attellent à protéger la sécurité et la vie privée des magistrats et des avocats, *« il ne faudrait pas que ces efforts soient rendus vains par la seule mauvaise utilisation des réseaux sociaux par ceux que l'on entend protéger »*[3]. Pour se convaincre de la réalité de ce risque, il convient de prendre l'exemple de l'avocat pris à partie sur les réseaux sociaux et qui avait ému la communauté judiciaire au début de l'année 2023. En effet, un avocat au Barreau de Lyon avait défendu son client dans une affaire pénale. Or, après le prononcé du verdict, ce dernier a été victime de harcèlement et de nombreuses menaces diffusées par des appels téléphoniques, des lettres ou encore par des publications sur les réseaux sociaux[4]. Ce même

---

[1]Brunaux. G., « Réseaux sociaux et professionnels du droit : le risque disciplinaire », *Dalloz IP/IT, 2019*, p. 476.

[2]Podcast France culture Avocats et magistrats sur les réseaux sociaux : communication ou désymbolisation ? Publié le 24 novembre 2021.

[3]Brunaux. G., « Réseaux sociaux et professionnels du droit : le risque disciplinaire », *Dalloz IP/IT, 2019*, p. 476.

[4]Rédaction Gazette du Palais, rubrique actualités professionnelles, « Motion de soutien en faveur de l'avocat David Metaxas », 9 février 2023 [consulté le 20 janvier 2024] : https://www.gazette-du-palais.fr/actualites-professionnelles/motion-de-soutien-en-faveur-de-lavocat-david-metaxas/.

phénomène est également visible du côté des magistrats. En effet, à la suite du meurtre d'un adolescent qui a touché l'opinion publique en mai 2024, plusieurs internautes se sont saisis de l'affaire sur les réseaux sociaux et ont attaqué personnellement une magistrate. Ils estimaient que cette dernière était en partie responsable du drame, en raison de sa fonction juridictionnelle de Juge des Libertés et de la Détention. Cette mise en cause publique, sur les plateformes, a été accompagnée *« de propos haineux et menaçants »* envers la magistrate qui a été prise pour cible, en ligne, par quelques personnes malintentionnées, le plus souvent profitant de l'anonymat[1]. Il résulte donc que les avocats et les magistrats peuvent être la cible d'attaques personnelles sur les réseaux sociaux. Ce simple constat peut nécessairement participer à la remise en question de la pertinence d'une telle présence sur les plateformes.

---

[1]Rédaction de France Info, « Meurtre de Matisse de Châteauroux : la cour d'appel de Bourges dénonce des "propos haineux et menaçants" contre une magistrate sur les réseaux sociaux », le 1er mai 2024 [consulté le 30 juillet 2024] : https://www.francetvinfo.fr/faits-divers/meurtre-de-matisse-de-chateauroux-la-cour-d-appel-de-bourges-denonce-des-propos-haineux-et-menacants-contre-une-magistrate-sur-les-reseaux-sociaux_6519698.html

B : Des potentielles atteintes aux droits des tiers

L'utilisation des réseaux sociaux par les avocats et les magistrats présente un autre écueil, celui du risque d'atteinte aux droits des tiers. Cet écueil vient également remettre en question la pertinence de la présence de ces professionnels sur de telles plateformes. En effet, quelle que soit la forme que l'expression emprunte, avocats et magistrats peuvent porter atteinte aux droits des tiers par un message, un commentaire ou une publication sur une de ces plateformes. Ces atteintes peuvent être multiples. Il convient de songer ici à l'atteinte au principe de la présomption d'innocence d'une personne sur qui pèse une accusation, ou encore à l'atteinte au droit à la vie privée du potentiel client d'un avocat ou d'une partie à un litige. Le rapport sur la présomption d'innocence de 2021 le souligne. Ainsi, la présomption d'innocence *« est encore régulièrement bafouée dans toutes les catégories de la société par certains acteurs : politiques, enquêteurs, magistrats, journalistes, et surtout sur les réseaux sociaux »*[1]. Le rapport précise que *« l'atteinte peut alors être constatée à l'occasion de l'intervention maladroite d'un ministre, d'un procureur de la République ou d'un avocat »*[2]. Une telle violation d'un droit fondamental est donc possible sur les réseaux sociaux et cette dernière peut résulter d'une parole « maladroite » d'un avocat ou d'un magistrat. Le risque est bien évidemment avant tout humain. En ce sens, l'avocat ou le magistrat qui s'exprime sur les réseaux sociaux est seul responsable de ses propos ou de ses publications. C'est ainsi que certains auteurs

---

[1]Guigou. E., « Présentation du rapport sur la présomption d'innocence », *R.*, 2021, p. 2224.

[2]Rapport du groupe de travail sur la présomption d'innocence « la présomption d'innocence : un défi pour l'État de droit », octobre 2021.

relèvent à juste titre que *« nul n'est à l'abri d'une réaction dans le feu de l'action, dont l'expression sera rugueuse »*[1]. Ou encore que *« personne n'est à l'abri d'une réaction dictée par la fatigue, l'exaspération ou la honte »*[2]. La simple utilisation d'un terme, d'un détail intégré à une publication portant sur une affaire que le magistrat ou l'avocat a eue à traiter, ou encore la simple réaction irréfléchie peut s'avérer en ce sens dangereuse pour le professionnel. Assurément, les réseaux sociaux peuvent être présentés comme des espaces rendant possibles de telles atteintes et les favorisant.

Loin d'exonérer les avocats et les magistrats de leurs comportements, il n'en demeure pas moins que ces phénomènes se trouvent une nouvelle fois influencés précisément par le mode de fonctionnement de ces plateformes. Nombreux sont les auteurs ainsi que les observateurs à ne pas tarir de reproches sur ce fait. En effet, il est désormais entré dans le langage commun de comparer les réseaux sociaux à des espaces encourageant *« les excès, le mélange des genres »* et de les présenter comme des espaces où la *« tentation quasi irrésistible de tout dire à tout le monde tout de suite »*[3] est bel et bien présente. Dès lors, encouragées par l'immédiateté, les tentations aux réactions vives, irréfléchies, sans modération et retenue peuvent être nombreuses. Et ce sont justement de telles réactions qui font dire à certains que sur les réseaux sociaux, *« le dérapage n'est jamais loin »*[4]. En cela, *« les réseaux*

---

[1]Brunaux. G., « Réseaux sociaux et professionnels du droit : le risque disciplinaire », *Dalloz IP/IT, 2019*, p. 476.
[2]Defferrard. F., « réseaux sociaux et professionnels du droit : le risque pénal », *Dalloz IP/IT*, 2019, p. 471.
[3]Von der Weid. G., « Quelle justice sur les réseaux sociaux ? », *Les Cahiers de la Justice*, vol. 3, n°3, 2017, pp. 521-529.
[4]Thierry. G, « Comment les procureurs s'emparent avec précaution de Twitter », Dalloz actualité, 29 juin 2021 et consulté le 2 novembre 2023.

sociaux (...) sont de puissants facteurs qui invitent à « lâcher » des informations qu'on n'aurait pas eu l'idée de révéler en d'autres lieux ou circonstances »[1]. Ainsi, chaque avocat et magistrat, présent sur les réseaux sociaux, peut être à même de révéler une information intéressant l'enquête, une partie ou un client. Ce risque de porter atteinte aux droits des tiers est également accru dans un contexte de développement de la notion de *« tribunal médiatique »*[2]. A travers les plateformes, nombre de membres n'hésitent pas à les utiliser afin de commenter, d'exprimer leur opinion sur une affaire en cours, de critiquer la défense et même les décisions de justice. En définitive, ces plateformes deviennent des espaces qui *« regorgent d'accusations, de rumeurs infondées, de condamnations péremptoires, d'individus s'improvisant journalistes, enquêteurs ou même juges ! »*[3]. Cette tendance a donc poussé de plus en plus d'avocats à y être présents et à défendre leurs clients. Mais avocats et magistrats peuvent également, en qualité d'internautes ordinaires, vouloir commenter des affaires faisant l'objet d'une forte médiatisation. En effet, *« Les parties aux procédures et leurs avocats, parfois des policiers ou d'autres personnes encore, ne se privent pas de commenter publiquement [sur les réseaux sociaux] les affaires en cours et les décisions prises »*[4]. Or, ce sont bien ces potentielles interventions qui font augmenter le risque pour le professionnel de porter atteinte aux droits d'autrui. Le Conseil Supérieur de la

---

[1]Defferrard. F., « Réseaux sociaux et professionnels du droit : le risque pénal », *Dalloz IP/IT*, 2019, p. 471

[2]Martineau. F., « Indépendance de la justice, indépendance du magistrat », *Gaz. Pal.*, n°8, février 2021, p. 3.

[3]Guigou.E, présentation du rapport sur la présomption d'innocence, D., 2021, p. 2224.

[4]Guide sur la « communication des tribunaux et autorités judiciaires de poursuite pénale avec le public et les médias », Commission européenne pour l'efficacité de la justice, 4 décembre 2018.

Magistrature, dans son dernier avis en date du 13 décembre 2023, a d'ailleurs reconnu et souhaité rappeler aux magistrats que *« autant il est légitime de communiquer, autant il convient d'être attentif à la sauvegarde des droits des justiciables »*[1].

De telles atteintes aux droits des tiers ne sont pourtant pas sans conséquence. Outre le fait que chaque avocat et magistrat puisse voir ses responsabilités disciplinaire, pénale et civile engagées, il semble qu'il faille en outre relever une conséquence importante. Comme sur Internet de manière générale, il est admis que tout ce qui est présent, dit, commenté ou publié sur ces plateformes ne peut jamais être complètement effacé. En ce sens, *« tout message diffusé sur les réseaux sociaux échappe immédiatement à son auteur et peut être diffusé largement, sans son autorisation, y compris s'il l'a effacé »*[2]. En effet, par les outils qu'elles mettent à disposition des utilisateurs, à l'image du *« bouton retweet »*[3] sur Twitter, de la fonctionnalité de partage sur Facebook, ou de la capture d'écran, tous propos, images ou vidéos postés sur les plateformes échappent au contrôle de son auteur. En cela, chaque internaute dispose du droit de *« sauver de l'oubli »* ce qu'il désire[4]. C'est alors que chaque atteinte au droit des tiers est susceptible de rester longtemps sur les plateformes, les rendant ainsi pérennes. Il appartient donc à ces deux catégories de professionnels de faire preuve d'un usage renforcé de prudence et de modération dans leurs

---

[1]Avis de la formation plénière du Conseil supérieur de la magistrature du 13 décembre 2023.

[2]Martinon. J., « Le réseau social, faux ami du magistrat judiciaire », *Dalloz IP/IT*, 2019, p. 480.

[3]Netter. E., *La liberté d'expression sur les réseaux sociaux en droit français*, Cergy, HAL, 2014.

[4]Brunaux. G., « Réseaux sociaux et professionnels du droit : le risque disciplinaire », *Dalloz IP/IT, 2019*, p. 476.

expressions. Ces derniers en ont d'ailleurs conscience puisque le magistrat Éric Vaillant l'a confessé : *« Je tourne mon doigt sept fois sur le clavier avant de tweeter, mais il m'arrive de faire des erreurs »*[1]. De la prudence et de la modération, tels sont les conseils qui auraient pu être bien utiles à ces magistrats qui, par leurs propos, ont porté atteinte à la vie privée d'un justiciable. A l'occasion d'une conférence de presse portant sur une affaire pénale en cours, des procureurs polonais avaient divulgué et donc rendu public des enregistrements téléphoniques de la personne suspectée, ainsi que de nombreuses données personnelles touchant directement la vie privée de cette dernière. Le requérant a alors contesté ces divulgations en ce qu'elles violaient son droit à la vie privée. Cette affaire est arrivée jusqu'à la Cour Européenne des Droits de l'Homme. Celle-ci devait se prononcer sur l'existence ou non d'une telle violation à la suite des propos tenus par les magistrats polonais à l'occasion d'une conférence de presse. Par un arrêt récent du 22 février 2024, elle condamne l'État polonais pour violation de l'article 8 de la Convention Européenne des Droits de l'Homme, en raison notamment de la divulgation de la conversation téléphonique du requérant[2]. Même si cette affaire mentionne un magistrat étranger, qui porte atteinte à la vie privée d'une partie à l'occasion d'une conférence de presse, celle-ci n'en demeure pas moins intéressante. D'abord en ce qu'elle montre que de tels dérapages sont possibles pour les magistrats. Cette réflexion pourrait naturellement être étendue aux avocats. Ensuite, il s'agit d'une prise de parole d'un magistrat qui pourrait aujourd'hui avoir lieu n'importe où tant les moyens de communication offerts à l'institution

---

[1]Thierry. G., « Comment les procureurs s'emparent avec précaution de Twitter », *Dalloz actualité*, 29 juin 2021 [consulté le 2 novembre 2023].
[2]Cour Européenne des Droits de l'Homme, Kaczmarek *c/ Pologne*, 22 février 2024.

judiciaire et aux professionnels du droit sont nombreux. Il apparait dès lors imaginable qu'une telle situation puisse concerner un magistrat ou un avocat français à l'occasion d'une prise de parole sur les réseaux sociaux. Le risque pour un avocat ou un magistrat de porter atteinte aux droits fondamentaux d'une personne est non seulement possible, réel, mais aussi renforcé par une utilisation malheureuse et malencontreuse des réseaux sociaux.

Paragraphe 2 : Les dangers sur le plan professionnel

Une exposition de ces professionnels sur les plateformes peut comporter des risques non seulement d'un point de vue professionnel pour les avocats (A), mais aussi d'un point de vue professionnel pour les magistrats (B).

A : Le risque d'atteinte aux principes professionnels des avocats

A travers les réseaux sociaux, l'exposition des avocats comporte des risques également sur le plan professionnel. En effet, une telle présence peut s'avérer périlleuse quant au respect des obligations professionnelles des avocats. Les principes que ces derniers sont tenus de respecter, au nom de la profession qu'ils représentent, sont nombreux. A ce titre, il convient de citer les devoirs de dignité, de conscience, d'indépendance, de probité et d'humanité ou encore d'honneur, de loyauté, d'égalité, de désintéressement, de confraternité, de délicatesse, de modération et de courtoisie[1]. Pourtant, nombreuses sont les hypothèses dans lesquelles la simple présence des avocats sur les plateformes pourrait les amener à la violation de ces devoirs. En effet, il faut songer à la violation du devoir de modération et de courtoisie en raison d'une parole irréfléchie, indélicate et au demeurant blessante à l'égard d'un tiers ou d'un confrère[2]. Ou encore, à la violation du devoir de loyauté à l'égard de son client. En ce sens, *« il ne faut pas sous-estimer le sentiment de trahison que pourrait éprouver un client qui découvrirait sur un réseau social les*

---

[1]Art 1 .3 du Règlement Intérieur National de la profession d'avocat.
[2]Féral-Schuhl. C., « Avocat et réseaux sociaux », *Archives de philosophie du droit*, vol. 64, no. 1, 2022, pp. 373-382.

liens de son avocat avec l'adversaire ou avec l'avocat adverse »[1].

Toutefois, parmi tous ces principes, l'un d'eux mérite de retenir toute l'attention. Il s'agit du secret professionnel de l'avocat. Ce dernier correspond à un devoir pour l'avocat *« de ne pas divulguer, or les cas où la loi l'impose ou autorise cette même révélation, les faits confidentiels qui ont été portés à sa connaissance dans l'exercice ou à l'occasion de son activité »*[2]. Il est en effet *« l'un des principes de la profession, historiquement central, au même titre que l'indépendance, dans la définition de l'identité même de la profession »*[3]. Son importance est donc capitale en ce qu'il est nommé comme une *« garantie de confiance absolue, préalable et impérative à toute défense »*[4]. Il ressort de l'article 66-5 de la loi de 1971 que *« les consultations adressées par un avocat à son client ou destinées à celui-ci, les correspondances échangées entre le client et son avocat (...) les notes d'entretien et, plus généralement, toutes les pièces du dossier sont couvertes par le secret professionnel »* [5]. En cela, le secret de l'avocat envers son client est « d'ordre public, général, absolu et illimité dans le temps »[6]. Aussi, ce dernier s'applique *« quels qu'en soient les supports, matériels ou immatériels »*. Dès lors, ce dernier est également applicable

---

[1]Féral-Schuhl. C., « Avocat et réseaux sociaux », *Archives de philosophie du droit*, vol. 64, no. 1, 2022, pp. 373-382.

[2]Cornu. G., Vocabulaire juridique, 10e édition, *collection PUF*, janvier 2014, V° « secret ».

[3]Moret-Bailly. J. et Bortoluzzi. J., *Déontologie de l'avocat*, Paris, Presses Universitaires de France, 1er édition, 2023, p. 142.

[4]De Lamaze. E et Pujalte. C., *L'avocat, le juge et la déontologie*, Paris, Presses Universitaires de France, 2009, 267p.

[5]Loi n° 71-1130 du 31 décembre 1971 portant réforme de certaines professions judiciaires et juridiques.

[6]Article 2.1 du Règlement Intérieur National de la profession d'avocat.

sur les réseaux sociaux et vient protéger le client. Toutefois, là encore, les plateformes peuvent tout à fait mettre à mal le respect de ce devoir par l'avocat. Nombreux sont les auteurs mettant en lumière les risques d'une exposition de l'avocat sur les plateformes concernant spécifiquement le secret professionnel. L'ancienne présidente du Conseil National des Barreaux avait relevé que « *cette règle peut être battue en brèche par la fonction de géolocalisation* ». En effet, la plupart des réseaux sociaux permettent aux utilisateurs de voir la localisation des autres membres de ces plateformes. Si bien qu'une telle fonctionnalité présente un risque avéré pour le secret professionnel de l'avocat, en ce que ce dernier peut être *« géolocalisé à l'adresse du client »*[1]. C'est ainsi que tous les autres membres peuvent avoir connaissance du lieu et du nom de ce dernier. De la même manière, l'essence même des réseaux sociaux repose sur l'objectif de se construire un réseau, en intégrant des utilisateurs dans les listes prévues par les plateformes à cet effet : liste d'amis, de connexions ou de *followers*. Or, il suffit bel et bien que le compte soit paramétré en public afin que chaque utilisateur puisse avoir accès à ces informations. Partant, *« il est possible pour tout internaute de connaître le réseau de contacts d'un avocat et ses potentiels clients »*[2]. C'est alors que l'avocat, du fait de sa présence sur les réseaux sociaux, peut se retrouver dans moultes situations pouvant nécessairement porter atteinte à son obligation de secret professionnel.

Un risque d'autant plus grand tant il est aujourd'hui admis que les réseaux sociaux n'offrent aucune garantie

---

[1]Féral-Schuhl. C., « Avocat et réseaux sociaux », *Archives de philosophie du droit*, vol. 64, no. 1, 2022, pp. 373-382

[2]Le Quellenec. E., « Utilisation des réseaux sociaux par les avocats, quelles règles applicables ? », *Comm. com. électr.*, n°11, 2013, étude 19.

autant sur l'identification que sur la qualité de la personne à qui un membre s'adresse[1]. De telle sorte que l'avocat, au travers des discussions qu'il partagerait avec d'autres confrères, ou même avec son client, pourrait nécessairement être trompé. Cette tendance est notamment visible, à travers les réseaux sociaux, avec l'usurpation de titre. Ainsi, du fait de l'absence de vérification préalable au moment de ladite inscription sur la plateforme, chaque membre peut se présenter comme il le souhaite. Les réseaux sociaux *« ouvrent la parole publique à des internautes qui peuvent prétendre détenir certains titres ou exercer certaines professions »*[2].C'est d'ailleurs l'un des points sur lesquels la cour d'appel de Paris a dû trancher à l'occasion d'une inscription illégale de la qualité d'avocat sur les réseaux sociaux de la part d'un élève-avocat. Ce dernier n'avait pas encore réalisé sa prestation de serment[3]. Certains membres peuvent dès lors utiliser faussement le titre d'avocat. Dès lors, le professionnel qui souhaite utiliser les plateformes afin d'échanger avec d'autres confrères pourrait tout à fait être victime de cette usurpation de titre. Par exemple, il est possible d'envisager une hypothèse dans laquelle un avocat échangerait avec un autre utilisateur présentant le titre d'avocat par l'intermédiaire des réseaux sociaux. Or, l'avocat pourrait, se sentant en confiance et au détour d'un échange qu'il croit professionnel, être amené à donner quelques détails, expliquer une affaire ou son point de vue. Si bien qu'il pourrait être à même de violer son secret professionnel. Aussi, convient-il également de souligner que le risque d'atteinte au secret professionnel de

---

[1]Beignier. B., Villacèque. J., Volff. J., *Droit et déontologie des magistrats*, Paris, LGDJ, 1er édition, 2022, 339p.
[2]Brunaux. G., « Réseaux sociaux et professionnels du droit : le risque disciplinaire », *Dalloz IP/IT, 2019*, p. 476.
[3]Cour d'appel de Paris, arrêt du 22 juin 2017.

l'avocat sur les réseaux sociaux peut être exacerbé par un autre phénomène, tout aussi inquiétant.

Il s'agit ici de parler des cybers attaques. Ces dernières correspondent à un *« ensemble coordonné d'actions menées dans le cyberespace qui visent des informations ou les systèmes qui les traitent, en portant atteinte à leur disponibilité, à leur intégrité ou à leur confidentialité »*[1]. Les cybers attaques sont en constante augmentation en France. Un risque tellement élevé qu'il a notamment motivé l'interdiction de l'utilisation de certaines des plateformes pour les agents publics[2]. Il apparait ainsi que chaque utilisateur de ces plateformes peut un jour être concerné par cette situation. Et les risques pour les avocats sont bien réels tant ces derniers sont aussi touchés. L'Agence Nationale de Sécurité des Systèmes d'Information affirme à cet égard que *« les avocats et cabinets d'avocats sont régulièrement la cible d'attaques informatiques »*[3]. Et cette tendance concerne également les réseaux sociaux tant elle est mentionnée comme un risque par les observateurs[4]. Cela est d'autant plus problématique puisque par leurs conversations, leurs discussions, leurs activités, ces derniers sont amenés à traiter à longueur de temps des informations à caractère sensible, des informations relevant de la vie privée des justiciables ou des clients. Il faut songer ici aux informations qui auraient pu être tirées d'une photo, d'une vidéo, d'un message privé échangé avec un client, un

---

[1]Avis de la commission d'enrichissement de la langue française du 19 septembre 2017.

[2]Enkaoua. C., « Avocats et réseaux sociaux : une communication à encadrer », *Gaz. Pal.*, n°12, 4 avril 2023, p. 3.

[3]Rapport sur l'état de la menace informatique contre les cabinets d'avocats, Agence Nationale de Sécurité des Systèmes d'Information, 27 juin 2023, p. 4.

[4]Féral-Schuhl. C., « Avocat et réseaux sociaux », *Archives de philosophie du droit*, vol. 64, no. 1, 2022, pp. 373-382.

confrère ou encore avec un magistrat. Tout cela est de nature à rendre le respect du secret professionnel de l'avocat en proie à de potentielles violations. Afin d'illustrer ces propos, il convient ici de citer l'exemple récent d'un cabinet d'avocat qui a fait l'objet d'un piratage informatique[1]. Ce faisant, les auteurs malveillants ont pu prendre connaissance d'informations qui devaient normalement rester confidentielles. Or ces dernières ont ensuite été dévoilées sur Internet. A la suite de ce piratage, des informations confidentielles extraites des dossiers ont été portées à la connaissance de tous. Cet exemple apprend d'abord que des avocats peuvent être victimes de cybers attaques. Ensuite, même si dans le cas d'espèce il s'agissait d'une photo d'une scène de crime, il convient toutefois de noter que, lors d'une cyber attaque, selon son ampleur et son objectif, toutes les données sensibles peuvent être rendues accessibles. Ainsi, le nom d'une partie, des propos au travers d'une conversation privée, des images et des photos envoyées directement par messages privés peuvent bel et bien concerner un client. Force est de constater qu'il existe un risque accru de l'existence et de la recrudescence d'un tel phénomène, tant il est admis que les réseaux sociaux ne sont pas des espaces entièrement et fortement sécurisés. En définitive, il ressort donc de ce qui précède que l'utilisation des réseaux sociaux par les avocats n'est pas exempte de risques de violation des devoirs professionnels des avocats.

---

[1]Stive. M, « Attentat contre Charlie Hebdo : un cabinet d'avocats piraté, des éléments du dossier publiés sur Internet », France Info, le 23 novembre 2021 [consulté le 20 février 2024] : https://www.francetvinfo.fr/economie/medias/charlie-hebdo/info-franceinfo-attentat-contre-charlie-hebdo-un-cabinet-d-avocats-pirate-des-elements-du-dossier-publies-sur-internet_4856149.html.

B : Le risque d'atteinte aux principes professionnels des magistrats

La présence et l'exposition des magistrats sur les réseaux sociaux peuvent aussi être discutées sur le fondement des risques d'atteintes aux principes professionnels de ces derniers. Assurément, les magistrats sont tenus de respecter des obligations tenant à leur statut. Ainsi que le démontre le serment qu'ils prêtent à leur entrée en fonctions[1]. Nombreuses sont les hypothèses qui démontreraient facilement les risques d'atteintes aux principes professionnels des magistrats par une utilisation des plateformes. Deux principes ont déjà pu causer des difficultés et servir à certains observateurs ou auteurs pour remettre en question la présence de ces magistrats sur les réseaux sociaux. Il faut s'intéresser ici aux devoirs d'impartialité et d'indépendance qui incombent aux magistrats. A ce titre, d'aucuns relèvent que *« le magistrat doit, dans sa vie professionnelle, sociale et privée (...) veiller en permanence à ne pas entacher son image d'indépendance et d'impartialité »*[2]. Ces principes professionnels s'appliquent aux magistrats non seulement dans leur vie professionnelle, mais également dans leur vie privée.

En premier lieu, une exposition des magistrats sur les plateformes peut avoir pour conséquence une atteinte au devoir professionnel d'impartialité du magistrat. Ce même devoir peut se définir comme *« l'absence de préjugé ou de*

---

[1]Article 6 de l'ordonnance n° 58-1270 du 22 décembre 1958 portant loi organique relative au statut de la magistrature.

[2]Beignier. B., Villacèque. J., Volff. J., *Droit et déontologie des magistrats*, Paris, LGDJ, 1er édition, 2022, 339p.

parti pris de la part du magistrat »[1]. A travers ce devoir, le magistrat doit être un tiers neutre, sans préjugements de l'affaire sur laquelle il est appelé à statuer. Aussi, le magistrat doit donner des garanties suffisantes aux justiciables afin que ces derniers ne puissent pas avoir de doutes légitimes quant à son impartialité[2]. Mais force est de constater que les réseaux sociaux, étant donné leur mode de fonctionnement, peuvent mettre en difficulté le respect de ce devoir pour les magistrats. En effet, les réseaux sociaux sont construits sur l'objectif d'entrer en relation avec d'autres utilisateurs, de se constituer un réseau, une liste d'amis ou encore une liste de *followers*. Cela sous-entend dès lors que si ces personnes sont dans cette liste, le magistrat possède une relation avec elles. Ainsi, dans la mesure où chaque utilisateur peut prendre connaissance des relations virtuelles de la personne qu'il souhaite, que penser d'un juge qui comporte la partie adverse ou l'avocat de la partie adverse parmi sa liste d'amis ou de *followers* sur un réseau social ? Une question fondamentale du point de vue du devoir d'impartialité du magistrat, et aux intérêts tellement importants, qu'elle a conduit la Cour de cassation à devoir statuer sur cette notion d'amitié sur les réseaux sociaux. En effet, un avocat parisien était mis en cause devant la formation de jugement disciplinaire du Conseil de l'ordre de Paris. Ce dernier a alors déposé une requête en récusation contre certains membres de cette formation car ces derniers possédaient, dans leurs listes d'amis sur le réseau social Facebook, le bâtonnier à l'origine des poursuites. La Cour de cassation devait statuer sur le point de savoir si une amitié sur un réseau social pouvait

---

[1]Cour Européenne des Droits de l'Homme, *Micallef c/ Malte* [GC], 2009, § 93.

[2]Valton. V., « L'exigence d'impartialité des juges à l'épreuve des réseaux sociaux », *Revue de l'Union Syndicale des Magistrats*, n°430, mars 2020, p. 6.

constituer ou non un motif suffisant de récusation de membres d'une formation de jugement. Toutefois, sa réponse fut sans appel en ce qu'elle a estimé que des amitiés sur les réseaux sociaux n'étaient pas des amitiés au sens traditionnel du terme, si bien que *« le réseau social étant simplement un moyen de communication spécifique entre des personnes qui partagent les mêmes centres d'intérêt, et en l'espèce la même profession »*. Dès lors, cela ne pouvait constituer un motif suffisant pour accueillir la requête en récusation du plaignant[1]. Cette solution se montre pragmatique afin d'éviter une mise en cause systématique des magistrats. Toutefois, cette situation a déjà permis, à l'étranger, la récusation de magistrats. Il faut songer ici au cas du Conseil Supérieur de la Belgique, qui avait rendu une décision le 27 juin 2014, par laquelle il avait considéré qu'une relation d'amitié sur les réseaux sociaux entre un magistrat et une avocate de la partie adverse, corroborée par des échanges de commentaires entre les deux protagonistes, suffisaient à mettre en cause l'impartialité dudit magistrat[2]. C'est ainsi que des auteurs envisagent le fait que *« d'autres recours conduiront certainement la jurisprudence à devoir se pencher à nouveau sur cette question à l'avenir »*[3]. Pour compléter ce propos, il apparaît également opportun d'élargir la réflexion à un autre mécanisme mis en place depuis le 25 juillet 2008.

---

[1]Deuxième Chambre civile de la Cour de cassation, 5 janvier 2017, n° 16-12394 ; Berlaud. C., « Panorama de jurisprudence de la Cour de cassation, discipline de l'avocat et amis des réseaux sociaux », *Gaz. Pal.*, n° 3, janvier 2017, p. 46 ; Gaineton. J-L, « Avocats, magistrats et univers numérique, entre magie maléfique et amitié vraie », *Gaz. Pal.*, n°21, juin 2017, p. 28.

[2]Henry. P., « Rien n'est plus pernicieux pour les avocats que la fréquentation des juges… », *Gaz. Pal.*, n°284, octobre 2014, p. 13

[3]Desgens-Pasanau. G., « L'obligation d'impartialité du juge à l'épreuve des réseaux sociaux », *Dalloz IP/IT*, 2017, p. 350.

C'est en effet depuis cette date que le Conseil Supérieur de la Magistrature peut être directement saisi par une plainte d'un justiciable qui souhaite porter à sa connaissance une difficulté rencontrée avec un magistrat[1]. Une fois la plainte du justiciable considérée comme recevable par une Commission d'admission des requêtes, le Conseil Supérieur de la Magistrature se trouve donc compétent pour traiter la situation du magistrat sur le plan déontologique et disciplinaire. Dès lors, serait-il possible d'envisager une plainte directe d'un justiciable fondée sur un manque d'impartialité d'un magistrat à la suite de ses activités sur les réseaux sociaux ? Si cette situation n'a pas encore fait l'objet d'une plainte auprès du Conseil Supérieur de la Magistrature, et par conséquent, d'une décision disciplinaire de la part de ce même Conseil à la suite d'une saisine directe[2], elle appelle toutefois à la réflexion. Dans le même esprit et toujours sur cette question d'impartialité, que penser du magistrat qui, à travers ses publications ou ses réactions sur les plateformes, peut exprimer ses idées ou son opinion ? Laquelle position engagée ou virulente pourrait apparaitre aux yeux du justiciable comme étant en contradiction avec sa propre affaire. Ainsi, les observateurs n'hésitent plus à envisager les hypothèses dans lesquelles des justiciables pourraient *« se targuer aujourd'hui de détenir des captures d'écran de publications postées sur un réseau social par un juge imprudent »*[3]. Afin d'illustrer de tels propos et de démontrer que ces risques quant au devoir d'impartialité du magistrat sont concrets, et qu'ils ont des conséquences importantes, il convient de prendre un

[1]Article 65 alinéa 10 de la Constitution.
[2]Bloch. A., « Pour la première fois de l'histoire, le CSM sanctionne un magistrat sur saisine directe », *Dalloz actualité*, 19 juin 2024 [consulté le 30 juin 2024].
[3]Brunaux. G., « Réseaux sociaux et professionnels du droit : le risque disciplinaire », *Dalloz IP/IT, 2019*, p. 476.

exemple récent à propos d'un magistrat. Celui-ci possédait un compte anonyme sur le réseau social Twitter, au travers duquel il faisait non seulement état de ses convictions politiques, mais aussi de propos racistes et xénophobes. Ainsi pouvait-on lire à travers ses différentes publications *« Je vire tout ce qui est tchétchène »* ou encore *« je m'occupe des OQTF et avec moi, ça dégage fissa ! »*. De nombreux avocats, ayant défendu des dossiers devant ce magistrat lorsqu'il siégeait en qualité de président de formation, ont immédiatement saisi les juridictions administratives afin de les contester sur le fondement de l'absence d'impartialité dudit magistrat[1]. C'est ainsi que plus d'une dizaine d'annulations de jugements ont suivi la mise au jour de cette affaire[2].

En second lieu, d'une exposition des magistrats sur les réseaux sociaux peut résulter une atteinte au principe d'indépendance. Le devoir d'indépendance du magistrat renvoie à l'obligation qui lui est faite de ne subir aucune influence extérieure. Dès lors, le magistrat doit être libre de toute pression lorsqu'il exerce ses fonctions, ce qui appelle à son nécessaire pendant, la sérénité. Toutefois, là encore, les réseaux sociaux peuvent venir mettre en péril ce principe d'indépendance du magistrat, pouvant dès lors être caractérisés comme faisant partie de ces *« influences extérieures »*[3]. Les observateurs n'hésitent pas à relever que ces derniers peuvent avoir *« une influence considérable sur la perception d'une affaire judiciaire (...) en raison du*

---

[1]Lantero. C., « Le juge administratif sur les réseaux sociaux », *JCP admin. et coll. territoriales*, n° 3, Janvier 2022, p. 1.

[2](Dont notamment Conseil d'Etat, 14 juin 2019, n° 427510, M. A ; Cour administrative d'appel de Lyon, 27 juin 2019, n° 18LY03617).

[3]Garapon. A., Allard. J., Gros. F., *Les vertus du juge*, Paris, Dalloz, 2008, p. 123.

caractère répétitif des informations qui sont générées »[1] . D'autres présentent les réseaux sociaux comme ayant *« une formidable et terrifiante puissance psychologique »*[2]. En effet, les réseaux sociaux permettent à chaque utilisateur, par l'intermédiaire de l'identification ou du *hashtag*, de porter à la connaissance des autres utilisateurs un message ou encore une opinion sur un sujet précis[3]. Cette pratique s'est notamment développée sur le réseau social Twitter et a notamment pu être utilisée à l'occasion de célèbres affaires judiciaires, à l'image de celle de Jacqueline Sauvage. C'est ainsi qu'au cours de l'instruction, puis du jugement de cette affaire, est né le #LibérerJacquelineSauvage. Ce dernier a alors permis à chaque utilisateur de pouvoir donner son avis et de publier un commentaire sur l'affaire[4]. Toutefois, cette pratique comprend bien un écueil majeur. D'une part en ce que chaque utilisateur, dès lors qu'il a connaissance de l'existence d'un compte d'un magistrat, qui plus est en charge de l'affaire, peut le mentionner de sorte à lui porter lesdits propos à sa connaissance. D'autre part, avec la pratique du *hashtag*, chaque utilisateur, magistrats compris, *« désireux de savoir ce qui se dit sur le sujet, n'aura plus qu'à rechercher les messages qui contiennent ce marqueur »*[5]. C'est ainsi que les magistrats peuvent se retrouver confrontés face aux multiples opinions de tous les

---

[1]Rapport du groupe de travail sur la présomption d'innocence « la présomption d'innocence : un défi pour l'État de droit », octobre 2021, p. 23.

[2]Gautier. P-Y., « des rapports consubstantiels entre éthique et réseaux sociaux », *Dalloz IP/IT*, 2022, p. 183.

[3]Fourrey. T., « Twitter et le droit de la presse », *RLDI*, numéro 109, 2014 p. 67-70.

[4]Féral-Schuhl. C., « Avocat et réseaux sociaux », *Archives de philosophie du droit*, vol. 64, no. 1, 2022, pp. 373-382.

[5]Fourrey. T, « Twitter et le droit de la presse », *RLDI*, numéro 109, 2014 p. 67-70.

utilisateurs, le tout pouvant nécessairement influencer leur prise de décision. Selon une étude récente, ce n'est pas moins de 45% des juges interrogés qui ont estimé que leur indépendance *« n'était pas respectée par les réseaux sociaux »*[1]. Des auteurs reconnaissent qu'il *« faudra donc aux magistrats de plus en plus de force d'âme pour mettre entre parenthèses ces vérités médiatiques là, et surtout pour les empêcher de constituer, au cours de leur délibéré un biais cognitif »*[2]. Toute la difficulté réside dans le fait que *« les juges devraient, bien sûr, être impliqués dans les communautés qu'ils servent, mais l'intérêt public d'une telle participation, par le biais des médias sociaux, doit être équilibré avec (...) l'indépendance du système judiciaire »*[3]. Afin de le démontrer, il suffit de prendre pour illustration la célèbre affaire de la brigade anticriminalité de Marseille qui avait, durant l'été 2023, ému toutes les opinions et déchainé les passions. En effet, des policiers avaient été mis en cause dans une affaire de violences volontaires. Alors que ces derniers devaient être présentés devant des magistrats dans le cadre de l'affaire, nombreux ont été les commentaires de personnalités venant les défendre sur les réseaux sociaux. Malgré les réactions vives et rapides de la part de l'institution judiciaire rappelant justement ce principe d'indépendance et celui de séparation des pouvoirs, il n'en demeure pas moins que les magistrats en charge de l'affaire ont pu ressentir une pression dans l'exercice de leurs fonctions, remettant ainsi en cause leur devoir d'indépendance[4]. En définitive, la présence des

---

[1]Rapport d'activité du collège de déontologie 2022-2023 p. 83.

[2]Martineau. F., « Indépendance de la justice, indépendance du magistrat », *Gazette du Palais*, n°8, février 2021, p. 3.

[3]Noreau. P. et Bernheim. E., *La déontologie judiciaire appliquée*, Montréal, Wilson & Lafleur, 4e édition, 2018, p. 16.

[4]Dupuy. C., « Indépendance de la justice : opposition des policiers et des magistrats sur l'affaire de la BAC Sud de Marseille », *Gazette du palais*, n°27, septembre 2023, p. 12.

magistrats sur les réseaux sociaux peut effectivement être constitutive de manquements aux principes professionnels attachés à leur statut et à leur fonction, cela pouvant utilement servir à remettre en cause l'opportunité et la pertinence d'une telle présence.

Section 2 : Une exposition prometteuse

En dépit des critiques relevées, il apparait en outre que les réseaux sociaux sont des espaces permettant un renouveau de la communication de ces professionnels (Paragraphe 1), et sont aussi porteurs de nouvelles pratiques pour l'avenir (Paragraphe 2).

Paragraphe 1 : Une nouvelle source de communication

Les plateformes permettent la refonte de la communication professionnelle et institutionnelle des avocats et des magistrats (A), mais aussi le renforcement de la communication individuelle de ces derniers (B).

A : Pour une communication professionnelle et institutionnelle

Les réseaux sociaux permettent le développement de la communication professionnelle et institutionnelle des organes représentant les professions d'avocat et de magistrat. En cela, chaque mois, de nouveaux comptes apparaissent sur ces plateformes, portés par ces organes professionnels, afin de pouvoir bénéficier d'un espace d'échange et de communication. Du côté des avocats, le Conseil National des Barreaux[1], nombre de Barreaux ainsi que de Conseils de l'ordre à travers la France ont fait le choix d'investir ces plateformes[2]. Dernièrement, le Barreau de Paris a même décidé de créer un compte en son nom sur

[1]@cnb_les_avocats sur Instagram, 11 400 abonnés.
[2]Féral-Schuhl. C., « Avocat et réseaux sociaux », *Archives de philosophie du droit*, vol. 64, no. 1, 2022, pp. 373-382.

le réseau social Tiktok[1]. Du côté de l'institution judiciaire, il s'agit d'observer le développement des comptes du porte-parole du ministère de la Justice, de l'École Nationale de la Magistrature[2] et même du compte de la Cour de cassation sur Instagram en 2024[3]. Une récente étude, réalisée par le magistrat Maxime Doliveux, a d'ailleurs permis de recenser le nombre de comptes professionnels des magistrats et des chefs de cour ou de juridiction. A ce titre, ce dernier comptabilise près de 140 comptes institutionnels sur le réseau social X, 130 comptes sur le réseau LinkedIn et près de 30 comptes sur le réseau Instagram[4]. Cette communication, à travers les réseaux sociaux, par les institutions et organes professionnels des avocats et des magistrats, comporte plusieurs intérêts. Le premier, et sans aucun doute le plus important, concerne la question de la confiance des citoyens. Assurément, il apparait utile de rappeler le constat de crise profonde de confiance que connaît l'institution judicaire depuis plusieurs dizaines d'années. Ainsi que peut en témoigner le résultat d'une étude réalisée en 2021, 53% des Français interrogés estiment qu'ils n'ont pas confiance en l'institution judiciaire[5]. La raison première de ce manque de confiance réside dans le fait que l'institution judiciaire est peu connue du grand public. Nombreux sont les observateurs qui ont pu mettre en relation cette perte de confiance avec son manque

---

[1]@avocats_Paris sur TikTok, 6 272 abonnés.

[2]Maduraud. A-L., « la justice mise à l'épreuve par les réseaux sociaux », *Délibérée*, n°9, 2020, p. 41.

[3]@courdecassation.fr sur Instagram, 10 200 abonnés.

[4]@Maxime Doliveux sur LinkedIn, les chiffres sont issus de sa publication du 26 octobre 2024, à travers laquelle il dresse un état des lieux de l'utilisation des réseaux sociaux par les magistrats et les chefs de cour ou de juridiction.

[5]Sondage « Le rapport des français à la justice », co-réalisé par le Consumer Science and Analytics et le Sénat, septembre 2021, [consulté le 7 mars 2021].

de communication. Le rapport sur la présomption d'innocence de 2021 en fait état en affirmant que *« la justice souffre d'un déficit très important de communication et d'une image biaisée »*[1]. Aussi, figurait parmi les recommandations issues des États généraux de la justice une proposition portant sur le souhait d'*« améliorer la communication de l'institution judiciaire »*[2]. Le renforcement d'une telle communication de l'institution judiciaire devait nécessairement passer par une présence sur les réseaux sociaux. En effet, ainsi que le conseillait déjà la Commission Européenne pour l'Efficacité de la Justice en 2018, les institutions devaient construire leur communication notamment en prenant en compte *« l'utilisation de tous les moyens à disposition, notamment les nouvelles technologies »*[3]. Loin de l'évidence absolue, en raison de l'existence d'aucun fondement textuel sur ce point, c'est pourtant le choix qu'a décidé de faire l'institution judicaire en investissant à son tour les plateformes. Ces dernières mettent à disposition des outils essentiels pour refonder son image. En effet, les réseaux sociaux offrent l'avantage de pouvoir *« toucher un public beaucoup plus large que les lecteurs habitués des journaux et notamment une grande partie de la jeunesse qui ne s'informe que par ce biais »*[4]. Ils permettent en outre à l'institution judiciaire d'avoir *« une maîtrise complète de l'information transmise au public, qui est touché directement et sans intermédiaire par la communication*

---

[1]Rapport du groupe de travail sur la présomption d'innocence « la présomption d'innocence : un défi pour l'État de droit », octobre 2021, p. 47

[2]Rapport « rendre la justice aux citoyens », Comité des états généraux de la justice, avril 2022, p73.

[3]Guide sur la « communication des tribunaux et autorités judiciaires de poursuite pénale avec le public et les médias », Commission européenne pour l'efficacité de la justice, 4 décembre 2018.

[4]*Ibid.*

décidée par l'autorité judiciaire »[1]. Forte de ces garanties, l'institution judicaire dispose, avec les réseaux sociaux, d'un outil utile permettant de regagner la confiance des citoyens, et ce en communiquant le plus possible avec eux. Les avocats eux-aussi n'échappent pas à cette crise de confiance des citoyens lorsqu'il apparaît, selon cette même étude, que seulement 56% des Français interrogés ont confiance en un avocat[2]. La raison de cette confiance en demi-teinte peut trouver son explication en ce que la profession est également mal connue des citoyens. C'est ainsi que les organes professionnels, à l'image du Conseil National des Barreaux et des différents Barreaux de France notamment, ont intégré les réseaux sociaux afin de travailler au retour d'une confiance plus grande en l'avocat. Ces organes professionnels représentant la profession d'avocat disposent eux-aussi d'un intérêt légitime afin de justifier leur présence sur les réseaux sociaux. Au titre de leur mission confiée par le Règlement Intérieur National en son article 10, ces derniers doivent *« faire connaitre la profession d'avocat et son organisation »*[3]. Ainsi, avec toujours les mêmes opportunités que permettent les réseaux sociaux, l'utilisation des plateformes par ces organes professionnels se trouve non seulement légitimée mais aussi pertinente. Il apparaît dès lors que cette dernière puisse être portée par le souhait de renforcer la connaissance des citoyens sur l'existence des avocats. C'est en effet ce que maître Antoine Lafon, membre du Conseil de l'Ordre de Paris, avait souligné, lors de la création du compte Tiktok du Barreau de Paris, en recherchant

---

[1]Guide sur la « communication des tribunaux et autorités judiciaires de poursuite pénale avec le public et les médias », Commission européenne pour l'efficacité de la justice, 4 décembre 2018.

[2]Sondage « Le rapport des français à la justice », co-réalisé par le Consumer Science and Analytics et le Sénat, septembre 2021, [consulté le 7 mars 2021].

[3]Article 10 du Règlement Intérieur National de la profession d'avocat.

notamment *« à créer chez les citoyens un réflexe avocat »*[1]. Mais cette présence n'est pas dénuée d'autres intérêts.

Outre le sujet de la confiance des citoyens envers l'institution judicaire ou la profession d'avocat, il convient encore de mettre en lumière les autres opportunités données par les réseaux sociaux. En effet, par leur investissement, ces derniers recherchent le développement des nouvelles vocations pour devenir avocat ou magistrat. Maitre Antoine Lafon, admet qu'une telle présence institutionnelle vise à *« susciter des vocations chez les jeunes »*[2]. Du côté de l'institution judiciaire, cette finalité existe également et s'est même traduite en réussite selon les mots de l'ancien directeur de l'École Nationale de la Magistrature, Xavier Ronsin. Ce dernier n'a pas hésité en effet à démontrer que la création d'un compte Facebook au nom de l'École Nationale de la Magistrature avait permis *« de doubler le nombre de candidats au concours d'entrée de l'école »*[3]. L'utilisation des réseaux sociaux permet donc le développement des vocations et reste une arme supplémentaire offerte afin de faciliter le recrutement des futurs professionnels. De plus, cette présence au cœur des plateformes leur permet assurément un contact plus direct avec les autres utilisateurs. En cela, l'institution judiciaire dispose de la possibilité de pouvoir *« suivre en direct ce qui se dit et lui permet ainsi d'intervenir directement afin de faire rectifier des informations erronées (...) et d'en compléter d'autres »*[4]. Les plateformes offrent en outre la possibilité pour l'institution judiciaire de *« produire du*

---

[1]Creux-Thomas. F., « L'avocat, un influenceur qui s'ignore ? », *JCP G*, n° 37, 2023, p. 1581.

[2]*Ibid.*

[3]*Ibid.*

[4]Badr. Y., « L'institution judiciaire doit investir les réseaux sociaux », *Acteurs publics*, novembre 2022, pp. 52-57.

contenu pédagogique à destination des justiciables »[1]. C'est également le cas pour les organes professionnels des avocats qui peuvent ainsi *« relayer toutes les actualités de la vie politique de la profession »*[2]. Enfin, il s'agit de ne pas omettre le fait qu'une telle présence de ces organes institutionnels et professionnels des avocats et des magistrats sur les réseaux sociaux peut apparaitre comme un exemple pour les professionnels concernés. Dès lors, cela pourrait non seulement avoir pour vertu d'encourager et d'inciter les avocats et les magistrats, encore indécis, à se lancer dans l'aventure des réseaux sociaux, mais aussi en inspirer d'autres sur des idées de publications ou de thématiques à traiter. Afin d'illustrer la pertinence de la présence de ces organes institutionnels et professionnels sur les réseaux sociaux, il convient de donner l'exemple de la récente campagne de communication du Conseil National des Barreaux. Lancée le 20 octobre 2023 sur les plateformes, le Conseil National des Barreaux a voulu communiquer sur le fait que les enfants et adolescents disposaient eux aussi du droit de bénéficier des services d'un avocat[3]. Le recours aux réseaux sociaux apparait d'autant plus justifié ici tant le *« public-cible »* de cette campagne reste les mineurs. Ils sont une catégorie de la population, si ce n'est la plus représentée, à tout le moins extrêmement présente sur lesdits réseaux. Autre exemple, le ministère de la justice, à travers son compte Instagram[4]

---

[1]Rapport du groupe de travail sur la présomption d'innocence « la présomption d'innocence : un défi pour l'État de droit », octobre 2021, p. 48.

[2]Féral-Schuhl. C., « Avocat et réseaux sociaux », *Archives de philosophie du droit*, vol. 64, no. 1, 2022, pp. 373-382.

[3]Campagne de communication du Conseil National des Barreaux autour du rôle de l'avocat pour les enfants, le 20 octobre 2023 [consulté le 10 février 2024] https://www.cnb.avocat.fr/fr/actualites/lancement-dune-campagne-nationale-autour-du-role-de-lavocat-pour-les-enfants.

[4]@justice_gouv sur Instagram, 63 900 abonnés.

n'hésite pas à promouvoir les métiers de la justice par des témoignages notamment de magistrats, et ce sous la forme de podcasts. Ces derniers sont alors mis en lumière et sont à même de présenter leurs parcours et leurs fonctions. L'Ordre des avocats de Lyon, également sur son compte Instagram[1], n'hésite pas quant à lui à mettre en lumière les avocats composant le Barreau de Lyon, à travers de courtes vidéos sur divers sujets allant de la simple anecdote d'audience à une réponse à un problème juridique en lien avec l'actualité. En définitive, les réseaux sociaux permettent d'accueillir la parole des organes institutionnels et professionnels représentant les avocats et les magistrats. Ces plateformes apparaissent donc comme un outil supplémentaire pouvant permettre la restauration de la confiance et la mise en lumière de ces deux professions. Il apparait aussi que ces comptes institutionnels donnent de plus en plus la parole aux magistrats et aux avocats. Dès lors, si une communication est possible à travers ces comptes officiels, pourquoi ne faudrait-il pas laisser les magistrats et les avocats eux-mêmes prendre cette parole sur leurs propres comptes personnels ?

---

[1]@avocats_lyonnais sur Instagram, 3 226 abonnés.

B : Pour une communication individuelle

Bien plus qu'une simple opportunité de communication professionnelle offerte par les réseaux sociaux, ces derniers offrent aux magistrats et aux avocats la possibilité de communiquer de manière individuelle. Nombreux sont en effet les avocats et les magistrats, présents sur les réseaux sociaux et interrogés à ce sujet, à faire part de cet aspect. Il convient donc d'affirmer que leur présence résulte d'une démarche volontaire avec le souhait de développer leur propre communication. Assurément, il ressort de l'essence même de ces plateformes l'objectif premier de permettre à chaque utilisateur de pouvoir communiquer avec les autres. Cela peut se constater lorsqu'elles sont décrites comme étant *« de nouveaux espaces privilégiés de communication »*[1]. Ainsi, les réseaux sociaux permettent à tout membre de pouvoir échanger, discuter, débattre avec les autres utilisateurs. Un espace au sein duquel il est aisé de pouvoir s'exprimer, que ce soit pour faire part aux autres de ses émotions, ses sentiments, ses connaissances ou encore ses centres d'intérêts. Un réseau social est pour ainsi dire un réel *« canal de communication »*[2]. C'est sans doute ce qui a pu motiver bon nombre de magistrats et d'avocats à rejoindre ces réseaux. La présence de ces derniers ne fait plus aucun doute. Et cela peut se confirmer à travers les témoignages des observateurs. Alors qu'en 2018, le parquet comptait 11 comptes de procureurs de la République et 5 comptes de procureurs généraux[3], cette présence a évolué en 2021 avec la création d'une douzaine de comptes

---

[1]Brugère. S., Laurent. J., « Déontologie, médias et réseaux sociaux », *Gaz. Pal.*, n°29, août 2021, p. 19.

[2]Creux-Thomas. F., « L'avocat, un influenceur qui s'ignore ? », *JCP G*, n° 37, 2023, p. 1581.

[3]Garnerie. L., « La justice se dévoile sur Twitter », *Gaz. Pal.*, n°36, octobre 2018, p. 8.

supplémentaires[1]. De manière générale, *« des membres de l'institution ou auxiliaires de Justice se sont emparés de l'outil (...) des greffier·es, avocat·es ou magistrat·es, notaires, etc »*[2]. Or, une fois ce constat fait, il convient de questionner les raisons de ce tel afflux d'avocats et de magistrats sur les réseaux sociaux. Il ressort des consciences communes l'idée que la justice, l'institution judiciaire et les professionnels du droit se cachent, qu'ils ne sont pas accessibles et qu'ils ne partagent pas d'informations ou de connaissances. Tel a en effet pu être le cas dans certains propos relatés. Ainsi pouvait-on lire ou entendre que l'avocat avait comme image celle *« de l'avocat inaccessible, enfermé dans son cabinet, hors du temps ! »*[3]. Le magistrat n'échappe pas non plus à ce reproche en ce qu'il pouvait être décrit comme *« le stéréotype du juge impitoyable, avec son intransigeante raideur et son cœur sec et dur »*[4]. Ce sont donc ces croyances communes qui ont ainsi convaincu plus d'un avocat et plus d'un magistrat à apparaitre sur ces plateformes. Telle a été par exemple la motivation de maître Rebollo, qui est apparue sur les réseaux sociaux en 2021 et qui affiche plus de 100 000 abonnés sur le réseau social Tiktok. Cette dernière reconnait le fait que *« les citoyens attendent de l'avocat de l'accessibilité et de la proximité »*[5]. Dans cette même idée, c'est aussi ce qui a poussé la magistrate Bérangère Le Boedec à créer son compte sur le

---

[1]Thierry. G., « Comment les procureurs s'emparent avec précaution de Twitter », *Dalloz actualité*, 29 juin 2021 [consulté le 2 novembre 2023].

[2]Maduraud. A-L., « la justice mise à l'épreuve par les réseaux sociaux », *Délibérée*, n°9, 2020, p. 41.

[3]Féral-Schuhl. C, « Avocat et réseaux sociaux », *Archives de philosophie du droit*, vol. 64, no. 1, 2022, pp. 373-382.

[4]Garapon. A., Allard. J., Gros. F., *Les vertus du juge*, Paris, Dalloz, 2008, p. 62.

[5]Creux-Thomas. F., « L'avocat, un influenceur qui s'ignore ? », *JCP G*, n° 37, 2023, p. 1581.

réseau social X pour notamment : *« faire connaître au grand public le métier de juge de l'application des peines ».* Enfin, l'ancien procureur de la République de Nîmes Eric Maurel soulignait le fait que ce qui avait pu motiver la création de son compte Twitter était bien de : *« donner une image réactive et dynamique de l'institution judiciaire et du parquet »*[1]. Ainsi, le souhait de moderniser l'image de ces fonctions et métiers de la part des avocats et des magistrats eux-mêmes peut constituer une première raison de leur investissement sur les réseaux sociaux. Mais cette réalité n'est pas le résultat d'une seule motivation.

Pour d'autres encore, cet entrain peut également trouver son origine dans la volonté des avocats et des magistrats non seulement d'entrer dans une communauté plus large que celle composée des professionnels du droit, mais aussi de renforcer ladite communauté juridique. Et les plateformes en sont effectivement un vecteur important. En ce qui concerne d'abord la communauté judiciaire, il est évident qu'autrefois, cette dernière pouvait s'inscrire et communiquer dans différents lieux et prendre diverses formes. Il convient ici de songer *« aux salles des pas perdus et autres regrettées buvettes du Palais, qui étaient autrefois les poumons de la confraternité »*[2]. Aussi, en témoigne la réflexion suivante : *« La communauté judiciaire du XXIe siècle n'est donc plus celles des professionnels habitués au palais, mais un réseau beaucoup plus ouvert (...) fait de personne qui (...) ont de moins en moins d'occasion de se rencontrer directement »*[3]. Dès lors, avec l'apparition des

---

[1]Garnerie. L., « La justice se dévoile sur Twitter », *Gaz. Pal.*, n°36, octobre 2018, p. 8.
[2]Brugère. S., Laurent. J., « Déontologie, médias et réseaux sociaux », *Gaz. Pal.*, n°29, août 2021, p. 19.
[3]Beignier. B., Villacèque. J., Volff. J., *Droit et déontologie des magistrats*, Paris, LGDJ, 2022, p. 273.

réseaux sociaux, la communauté juridique s'est aussi développée à travers ces plateformes. Comme en témoigne une nouvelle fois la magistrate Bérangère Le Boedec, X (ex-Twitter) lui permet de *« participer à la vie de la communauté juridique, de rompre l'isolement d'un magistrat dans une petite juridiction et de favoriser les rencontres magistrats, avocats, greffiers... »*[1]. Ou encore maître Anthony Bem qui précise que son compte Tiktok créé en 2022 est devenu son *« principal support de communication »*[2]. L'influence des réseaux sociaux sur le renforcement de la communauté juridique est telle que certains n'hésitent pas à souligner *« la création d'un canal où des justiciables, journalistes, avocat·es, et magistrat·es se parlent publiquement (...) et ce de façon totalement inédite dans l'histoire de l'institution judiciaire »*[3]. La communauté judiciaire « physique » s'est peu à peu transformée en communauté judiciaire « numérique » pour certains de ces professionnels. Au-delà du seul renforcement de la communauté judiciaire, parfois nommée « société juridique réelle »[4], les plateformes ont pu permettre aux magistrats et aux avocats de pouvoir communiquer avec l'ensemble des autres utilisateurs de ces réseaux. Ainsi, ils peuvent désormais à travers leurs comptes *« informer la population, les élus et les décideurs sur l'activité judiciaire et pénale »*[5], où encore exprimer et

---

[1]Garnerie. L., « La justice se dévoile sur Twitter », *Gaz. Pal.*, n°36, octobre 2018, p. 8.
[2]Enkaoua. C., « Avocats et réseaux sociaux : une communication à encadrer », *Gaz. Pal.*, n°12, 4 avril 2023, p. 3.
[3]Maduraud. A-L., « la justice mise à l'épreuve par les réseaux sociaux », *Délibérée*, n°9, 2020, p. 41.
[4]Babonneau. M, Réseaux sociaux et pouvoir judiciaire : la nécessaire « incarnation » ? *Dalloz actualité*, 30 octobre 2019 [consulté le 2 novembre 2023].
[5]Garnerie. L, « La justice se dévoile sur Twitter », *Gaz. Pal.*, n°36, octobre 2018, p. 8.

proposer *« des analyses critiques ou exposés pédagogiques de telle décision de justice, telle réforme, etc »* [1]. D'ailleurs, nombreux sont les exemples de magistrats échangeant directement avec la doctrine sous les publications présentant des décisions de justice et permettant ainsi *« des échanges, un décryptage collaboratif qui peut être tout à fait éclairant »*[2]. Toutes ces communications permettent aux avocats et aux magistrats de s'informer sur l'actualité judiciaire, de découvrir les pratiques d'autres juridictions ou d'autres confrères... En bref, de favoriser les valeurs d'entraide et de partage.

Enfin, une troisième raison commune pouvant expliquer cette tendance réside dans le souhait des avocats et des magistrats d'avoir à disposition un espace afin de partager et de relayer les difficultés qu'ils peuvent rencontrer. En effet, les réseaux sociaux sont considérés par certains comme *« le nouveau mégaphone, version XXIe siècle »*[3]. Nombre d'avocats et de magistrats souhaitaient aussi cette présence afin d'utiliser cette ouverture sur le monde, cette fenêtre de communication, pour être en mesure d'alerter les professionnels, les confrères ou encore l'opinion publique en cas de difficultés. Ainsi était-il possible d'entendre que *« le réseau social a en effet le mérite de permettre aux magistrats de se rapprocher des citoyens en racontant (...) leur quotidien, en confiant leurs états d'âme, leurs réflexions, les difficultés de leur métier »* [4]. C'est ainsi qu'à la suite d'un incident à l'occasion d'une audience à Paris,

---

[1]Maduraud. A-L., « la justice mise à l'épreuve par les réseaux sociaux », *Délibérée*, n°9, 2020, p. 41.

[2]Lantero. C., « Le juge administratif sur les réseaux sociaux », *JCP admin. et coll. territoriales*, n° 3, Janvier 2022, p. 1.

[3]Féral-Schuhl. C, « L'influence des réseaux sociaux sur le droit ? », *Dalloz IP/IT*, 2022, p. 177.

[4]Dufour. O., « Twitter est incompatible avec les devoirs du magistrat », *LPA*, n°94, mai 2014, p. 4.

une avocate avait utilisé les réseaux sociaux afin d'alerter ses confrères sur la situation qu'elle était en train de vivre, à l'occasion d'une audience. En effet, à la suite de l'utilisation de son téléphone portable, le président de l'audience, par l'intermédiaire de son pouvoir de police, avait justement décidé de suspendre ladite audience. Mis au courant par le biais des réseaux sociaux, *« quelques avocats proposaient, via les réseaux, de venir soutenir leurs confrères, d'autres recommandaient d'alerter le bâtonnier »*[1]. Il semble qu'il faille également songer ici à la Tribune des 3 000 qui a bénéficié d'un succès et d'une large diffusion notamment à l'aide des réseaux sociaux[2]. Il en ressort donc que les plateformes permettent aux avocats et aux magistrats de pouvoir faire part des difficultés qu'ils rencontrent au quotidien. Cette communication permet donc le développement du soutien et de l'entraide entre les avocats et les magistrats.

Cependant, afin d'en faire la présentation la plus objective possible, il apparait important de relever ici le fait que la volonté de certains de communiquer davantage à l'aide des réseaux sociaux ne fait pas l'unanimité. Nombreuses sont en effet les critiques n'hésitant pas à remettre en question cette présence et cette communication. Les observateurs n'hésitent pas à le relever : *« l'essentiel de la critique porte sur la présence des juges sur les réseaux sociaux, et elle vient de l'intérieur »*[3]. Encore, il est possible de relever selon les propos de certains avocats que *« force est néanmoins de constater que l'instrumentalisation du*

---

[1]Dufour. O., « Les tribulations du téléphone portable à l'audience », *Gazette du palais*, n°21, 7 juin 2016, p. 8.
[2]Garnerie. L., « Communication des magistrats : le garde des Sceaux demande son avis au CSM », *Gazette du Palais*, n°18, mai 2023, p. 7
[3]Lantero. C., « Le juge administratif sur les réseaux sociaux », *JCP admin. et coll. territoriales*, n° 3, Janvier 2022, p. 1.

titre est de plus en plus fréquente et semble devenue un passeport pour s'exprimer (...) ce qui est une altération, sinon une dénaturation de sa mission »[1]. D'aucuns vont même jusqu'à comparer ces avocats communicants à des *« mendiants d'honneur »* et à parler *« d'égos hypertrophiés »*[2]. Aussi, loin de faire l'unanimité chez certaines consciences, cette communication individuelle ne représente pas non plus l'unanimité des pratiques chez les avocats et les magistrats. En effet, certains relèvent que *« la présence du juge administratif sur les réseaux est en définitive assez rare »*. Et quand les magistrats administratifs sont présents, il faut encore reconnaitre que ces derniers *« n'échangent peu et ne contribuent pas à d'éventuels débats sociétaux »*[3]. De même, cette simple phrase, *« les procureurs sont de plus en plus nombreux et avec eux quelques procureurs généraux »*[4], suffit à démontrer la différence de présence selon la hiérarchie des magistrats. Cela pourrait davantage s'expliquer par les obligations professionnelles encore plus fortes pesant sur ces derniers. Enfin, chez les avocats aussi cette présence n'est pas non plus totale. D'aucuns l'expliquent à travers la question de génération : *« les avocats vivent une sorte de querelles des Anciens et des Modernes (...) Les premiers croient en une forme d'orthodoxie selon laquelle un dossier se plaide avant tout devant des juges (...) loin du bruit et de la fureur entretenus*

---

[1]De Belaval. B, « Avocat influenceur, des pratiques en devenir périlleuse », *Gazette du palais*, n°20, 14 juin 2022, p. 14.
[2]Vettes. M., « Avocats, médias et réseaux sociaux : pourquoi faire ? », *Revue pratique de la prospective et de l'innovation Lexis Nexis*, N° 2, novembre 2023, p. 50.
[3]Lantero. C., « Le juge administratif sur les réseaux sociaux », *JCP admin. et coll. territoriales*, n° 3, Janvier 2022, p. 1.
[4]Maurel. E., « Savoir-faire et faire savoir », *Gaz. Pal.*, n°33, octobre 2023, p. 1.

par les médias et les réseaux sociaux »[1]. Ces réactions peuvent néanmoins être, à leur tour, nuancées. Malgré le fait que la communication individuelle sur les réseaux sociaux ne soit pas utilisée ou souhaitée par tous les magistrats, les avocats ou par certains observateurs, cela ne doit pas entacher le réel constat positif d'une telle présence. Trop nombreuses sont les illustrations concrètes de ce que font les avocats et les magistrats sur leurs comptes respectifs. Il convient de mettre en lumière différentes pratiques de ces professionnels. Ainsi peut-on observer sur le réseau social Twitter, le compte de l'actuel procureur de la République près le tribunal judiciaire de Grenoble[2] à travers lequel il fait état de l'actualité juridique, la commente et communique sur son action. De même, peut-on noter la présence de la magistrate Valérie- Odile Dervieux[3] sur le réseau social LinkedIn, laquelle débat de l'actualité juridique et judiciaire. Enfin, il convient de souligner la présence de maître Remy Dandan[4] sur le réseau social Instagram, lequel traite à travers son compte et sous un aspect pédagogique, de l'actualité juridique et communique sur la profession d'avocat. Il ressort donc de ce qui précède qu'il existe un réel souhait de la part des magistrats et des avocats d'être présent sur les réseaux sociaux. Ce souhait qui se confirme par le nombre toujours plus important des nouvelles créations de comptes ou de nouvelles inscriptions sur ces plateformes. En définitive, les réseaux sociaux sont un véritable outil au service de ces professionnels pour les aider à communiquer.

---

[1] Vettes. M., « Avocats, médias et réseaux sociaux : pourquoi faire ? », *Revue pratique de la prospective et de l'innovation Lexis Nexis*, N° 2, novembre 2023, p. 50.

[2] @egajvpr sur X, 8 701 abonnés.

[3] @Valérie-Odile Dervieux sur LinkedIn, 23 067 abonnés et plus de 500 relations.

[4] @remy dandan sur Instagram, 58 300 abonnés.

Paragraphe 2 : Un fondement de nouvelles pratiques

Outre la possibilité d'être une nouvelle source de communication, les réseaux sociaux offrent de nombreuses perspectives d'avenir pour les magistrats (A), mais également pour les avocats (B).

A : Les perspectives pour les magistrats

La présence des magistrats sur les réseaux sociaux est d'autant plus pertinente qu'elle offre de nouvelles opportunités ainsi que des perspectives d'avenir dans l'exercice de leurs fonctions. A cet effet, il convient d'abord de souligner que les réseaux sociaux apparaissent comme une nouvelle modalité de communication, notamment pour les procureurs de la République. Cela participe dès lors, un peu plus, à la transformation de leur office. La fonction de procureur de la République s'est, depuis quelques années maintenant, transformée en intégrant une part non négligeable de communication. Les procureurs le reconnaissent eux-mêmes en ce que *« la communication n'est donc pas secondaire. Elle fait aujourd'hui partie intégrante de l'action, puisque nous vivons dans un monde connecté, de chaînes d'information continue, de réseaux sociaux »*[1]. Les procureurs sont donc appelés à communiquer pour éviter que d'autres ne le fassent à leur place, le plus souvent de manière inappropriée, sur des affaires judiciaires en cours : syndicats de policiers, service de communication de la gendarmerie, et même préfet. Dès lors, tout procureur doit intégrer que, *« au nombre de ces*

---

[1]Rapport « les obstacles à l'indépendance du pouvoir judiciaire », Commission d'enquête de l'Assemblée Nationale, septembre 2020, p. 121.

savoir-faire, il y a aussi le faire savoir ». Autrement dit, *« un procureur qui ne communique pas ne remplit pas la plénitude de ses missions »*[1]. Cette nouvelle tâche de communication leur est donnée notamment au titre de l'article 11 du Code de procédure pénale. A travers celui-ci, les procureurs de la République sont invités, afin *« d'éviter la propagation d'informations parcellaires ou inexactes ou pour mettre fin à un trouble à l'ordre public ou lorsque tout autre impératif d'intérêt public le justifie (...) rendre publics des éléments objectifs tirés de la procédure ne comportant aucune appréciation sur le bien-fondé des charges retenues contre les personnes mises en cause »*. Pour être efficace, cette communication suppose d'être adaptée et d'être diffusée le plus largement possible. C'est ainsi que les réseaux sociaux pourraient devenir incontournables au succès de cette mission, tant ils permettent une diffusion large et massive de messages ou de publications. Une communication au titre de l'article 11 du Code de procédure pénale sur les réseaux sociaux apparait d'autant plus pertinente lorsqu'un récent sondage réalisé en 2022 met en lumière que 62% des Français utilisent les réseaux sociaux de manière quotidienne afin de rechercher les informations[2]. C'est ainsi qu'avec l'aide des plateformes, les procureurs de la République pourraient renforcer la visibilité de leur communication en la rendant plus efficace. La chancellerie, à travers une circulaire du 19 janvier 2023[3], a évoqué la possibilité pour les services d'enquête qui le souhaitent, après accord du procureur de la République, de

---

[1]Maurel. E., « Savoir-faire et faire savoir », *Gaz. Pal.*, n°33, octobre 2023, p. 1.

[2]Enquête « les Français et la fatigue informationnelle », Fondation Jean Jaurès et observatoire société et consommation, août 2022 [consulté le 27 février 2024] :
https://www.jean-jaures.org/wp-content/uploads/2022/07/fatigue-informationnelle.pdf.

[3]Circulaire 19 janvier 2023 N/REF : CRIM-BOL N° 2021-00022.

pouvoir communiquer au titre de l'article 11 du Code de procédure pénale, pour les affaires de faible intensité médiatique et d'utiliser divers canaux de communication à l'image de la presse écrite mais aussi des réseaux sociaux. Dès lors, si cette possibilité d'utiliser les réseaux sociaux est donnée aux enquêteurs, pourquoi ne la serait-elle pas donnée aux procureurs de la République ? Un autre argument va également en ce sens dès lors que la circulaire du 1er octobre 2020[1]appelle les procureurs à communiquer davantage sur leurs actions, en favorisant notamment *« le recours aux moyens modernes de communication »*. Il semble donc que l'on puisse espérer, d'ici les prochains mois ou les prochaines années, le développement des prises de parole des procureurs de la République également retransmises sur les réseaux sociaux. Un auteur n'hésite pas à envisager des perspectives d'évolutions des pratiques de ces magistrats encore plus novatrices. En effet, il questionne la possibilité, pour les justiciables, de pouvoir directement communiquer avec les procureurs de la République. En ce sens, *« un justiciable ne pourrait-il pas valablement déposer une plainte auprès d'un compte appelé « Procureur de la République ?»*[2]. Bien que cette pratique pourrait apparaître enviable avec, en premier lieu, une simplification pour le justiciable des échanges avec l'institution judiciaire, il s'agit tout de même de convenir qu'il peut exister des réserves à de telles évolutions. Nombre de points peuvent ainsi être relevés à cet effet. Comment serait-il possible de garantir la sécurité des échanges, la confidentialité et l'intégrité des messages ? Il apparait dès lors qu'il faille faire preuve davantage de mesure quant aux potentielles perspectives d'avenir. Mais il ne faut pas pour autant omettre les avantages que permet

[1]Circulaire 1er octobre 2020 n° CRIM-202-20/E1/24-09-2020.
[2]Tarlet. F., « L'addiction des administrations aux réseaux sociaux », *Revue de droit administratif*, n°5, mai 2023, p. 3.

la présence des comptes des procureurs sur les réseaux sociaux.

En effet, ces derniers peuvent ainsi tout à fait être identifiés au moyen d'un *hashtag* ou d'une identification afin d'attirer leur attention sur certains points ou évènements. Cela s'illustre notamment à travers la nouvelle tendance qui est celle d'interpeler, par l'intermédiaire des réseaux sociaux, les divers comptes de la police nationale ou de la gendarmerie nationale. Cette fois, les plateformes pourraient permettre aux procureurs d'être directement interpelés d'une difficulté ou d'une situation pouvant nécessairement appeler à un engagement des poursuites. Il ressort donc qu'une telle présence pourrait s'avérer être de bon augure afin d'améliorer la réactivité des poursuites et l'efficacité des actions pénales. Toujours dans cette logique de nouvelles modalités de communication, les réseaux sociaux offrent également un espace pour les magistrats du siège, méconnus du grand public, leur permettant de communiquer davantage sur leurs offices, leurs missions et leurs fonctions. Nombreux sont les auteurs à reconnaitre cette faible communication. Ainsi est-il possible de lire *« La communication du siège, c'est une fois par an à l'audience de rentrée »*[1]**.** Et pourtant, les appels à une augmentation de la communication de la part des magistrats du siège existent. Le rapport des États généraux de la justice appelait à *« une communication du siège plus développée, en particulier pour des affaires sensibles identifiées en amont »*[2]**.** Il faut aussi songer au rapport sur la présomption d'innocence de 2021 qui appelait de ses vœux la nécessité *« d'accompagner toute décision susceptible d'avoir un*

[1]Garnerie. L., « La justice se dévoile sur Twitter », *Gaz. Pal.*, n°36, octobre 2018, p. 8.
[2]Rapport « rendre la justice aux citoyens », Comité des états généraux de la justice, avril 2022.

retentissement important, ou dont la teneur serait de nature à intéresser le citoyen, d'explications permettant d'en préciser la portée »[1]. Il n'est donc pas à exclure un potentiel investissement prochain et soutenu des magistrats du siège sur les réseaux sociaux afin, à leur tour, de communiquer sur les affaires en cours et de participer à rendre la justice plus accessible, intelligible pour les citoyens.

En outre, les réseaux sociaux présentent des perspectives d'évolution de la pratique professionnelle des magistrats. En effet, les réseaux sociaux peuvent avoir pour intérêt de renforcer et d'appeler à la plus grande exemplarité des magistrats dans l'exercice de leur office premier, celui de rendre la justice. Du fait de leurs physionomies, les plateformes sont connues pour permettre à chaque utilisateur de partager le contenu de son choix, d'émettre des commentaires, de faire état de son opinion ou de sa réflexion. Si bien que les réseaux sociaux restent avant tout un espace d'échange et de partage. C'est notamment cette physionomie qui a permis le développement d'une nouvelle tendance pour les justiciables et les journalistes, celle des *Live-Tweets* pendant les audiences. Un *live-tweet* est une pratique réalisée sur le réseau social X (ex Twitter) et qui permet à chaque utilisateur de pouvoir rédiger des textes qui se suivent afin de relater une expérience ou, en l'occurrence ici, le déroulement d'un procès en direct. Cette pratique a vu le jour sur les réseaux sociaux, au point même que le Conseil constitutionnel est venu la reconnaitre et l'a admise[2]. Dès lors, en rendant accessible à n'importe quel utilisateur le déroulé d'un procès, cette nouveauté offre

[1]Rapport du groupe de travail sur la présomption d'innocence « la présomption d'innocence : un défi pour l'État de droit », octobre 2021, p. 51.
[2] Décision du conseil constitutionnel, n° 2019-817 QPC du 6 décembre 2019, considérant 9.

assurément une très grande publicité du débat judiciaire, si bien qu'elle offre la possibilité, à tout un chacun, d'effectuer *« un contrôle citoyen sur la façon dont la justice est rendue »*[1]. Les réseaux sociaux promettent aux justiciables et obligent les magistrats à une plus grande exemplarité de leur part. Dès lors, les magistrats se retrouvent sous le regard constant et extérieur des justiciables, des journalistes présents dans la salle, mais également sous le regard de nombreux utilisateurs à travers leurs écrans. Ainsi, *« le juge ou le procureur doit avoir conscience que toute parole, au cours de cette séquence, même lorsqu'ils la considèrent comme banale ou ordinaire, peut avoir un retentissement particulier »*[2]. En effet, la transparence permise par les réseaux sociaux, à l'égard des justiciables et des journalistes, fait que ces derniers *« incitent les magistrats à exercer leurs fonctions avec encore plus d'exemplarité »*[3]. Afin d'illustrer ce propos, il convient de citer l'exemple d'une magistrate qui n'a pas hésité à reconnaitre les bienfaits de ces nouvelles pratiques. Ainsi, à chaque fin d'audience, cette dernière a avoué regarder les *Lives tweets* pour se rendre compte de la manière dont ces paroles avaient été retranscrites, perçues et reçues non seulement par le public, mais aussi par les autres utilisateurs des réseaux sociaux. Elle était donc à même de pouvoir corriger pour l'avenir ses manières de s'exprimer[4]. Ainsi, en dépit de certaines critiques mettant en lumière une forme de pression envers les magistrats,

---

[1]Maduraud. A-L., « la justice mise à l'épreuve par les réseaux sociaux », *Délibérée*, n°9, 2020, p. 41.

[2]Rapport d'activité du Conseil Supérieur de la Magistrature, 2018, p. 175.

[3]Rapport « les obstacles à l'indépendance du pouvoir judiciaire », Commission d'enquête de l'Assemblée Nationale, septembre 2020.

[4]Podcast France culture Avocats et magistrats sur les réseaux sociaux : communication ou désymbolisation ? Publié le 24 novembre 2021 [écouté le 21 septembre 2023].

pouvant remettre en question leur indépendance, cette pratique des *Live-Tweets* peut apparaitre tout autant louable et maintenir la conscience du magistrat sur le fait que les réseaux sociaux l'appellent d'autant plus à respecter ses devoirs et ses obligations professionnelles.

B : Les perspectives pour les avocats

Outre les opportunités présentes et les perspectives d'avenir pour les magistrats quant à l'utilisation des réseaux sociaux, il n'en demeure pas moins que les plateformes offrent aux avocats de nombreuses possibilités quant à l'exercice de la profession et des perspectives d'avenir méritant tout autant d'être entendues. Tout d'abord, l'utilisation des réseaux sociaux par les avocats présente un intérêt majeur dans la recherche, l'acquisition des *prospects* et la fidélisation de la clientèle. Les modes d'acquisition du client pour un avocat pouvaient se résumer de manière classique, avant l'apparition des réseaux sociaux, à la recommandation et au bouche-à-oreille. La publicité, depuis sa libéralisation par la loi du 17 mars 2014[1], entrait en jeu. Mais loin d'être parfaites, toutes ces techniques présentaient des inconvénients. En effet, ces dernières étaient souvent critiquées en ce qu'elles demeuraient longues et incertaines[2]. Les réseaux sociaux sont apparus et sont venus bouleverser ce schéma traditionnel. En cela, par leur physionomie et leur nombre important d'utilisateurs, ils ont facilité la possibilité pour un avocat aujourd'hui de pouvoir se faire connaitre. Ces plateformes sont aujourd'hui reconnues, par les plus fervents défenseurs de la présence des avocats sur les réseaux sociaux, comme des espaces permettant de *« communiquer sur leurs services, se différencier et améliorer leur réputation »*[3]. D'aucuns les

---

[1]L'article 13 de la loi n° 2014-6344 du 17 mars 2014 relative à la consommation.

[2]Podcast Lexis Info, Avocats : comment repenser la relation client ? avec S. Ferry, présidente de la commission Prospective et Innovation du CNB Publié en septembre 2023 [écouté le 1er novembre 2023].

[3]Le Metayer. L., « Les avocats et les réseaux sociaux font-ils bon ménage ? », *Lexbase*, 2 janvier 2020, p. 1.

voient comme *« une stratégie de développement »*[1], ou encore comme un véritable *« levier de développement de la clientèle »*[2]. Point non négligeable, aidant assurément à les rendre d'autant plus avantageux pour les avocats et notamment les jeunes avocats, les réseaux sociaux présentent la caractéristique d'être gratuits[3]. La naissance et l'évolution de cette opportunité donnée par les réseaux sociaux est telle qu'elle a permis le développement, depuis plusieurs années maintenant, de nombreuses agences de communication spécialement dédiées à la gestion de la communication des avocats dans son aspect marketing. Par exemple, l'agence Eliott et Markus, reconnue dans ce domaine, promet d'aider les avocats et les cabinets à les accompagner dans la création de contenus ou encore le marketing digital[4], et ce afin de les rendre plus visibles sur les plateformes et d'attirer plus de clients. En clair, les réseaux sociaux se sont imposés comme de véritables *« places de marchés »*[5] pour les avocats, lesquels pouvant de moins en moins faire sans afin de faire connaitre leurs services ou encore leurs compétences. Leur présence est devenue nécessaire en ce que les plateformes se sont trouvées de plus en plus être des moyens simples et efficaces pour les clients dans la recherche d'un avocat. Ainsi en témoigne une récente étude, 12% des clients

---

[1]Brunaux. G., « Réseaux sociaux et professionnels du droit : le risque disciplinaire », *Dalloz IP/IT, 2019*, p. 476.

[2]Forner-Ordioni. E., « Avocats - Génération Twitter », *JCP G*, n° 52, décembre 2011.

[3]Le Quellenec. E., « Utilisation des réseaux sociaux par les avocats, quelles règles applicables ? », *Comm. com. électr.*, n°11, 2013 ; Lebescond. A., « Communication des avocats sur internet - Questions à Christiane Féral-Schuhl », *La lettre juridique*, mars 2010.

[4]Agence de conseil en communication Eliott – Markus [consulté le 15 mars 2024] : https://www.eliott-markus.com/made_in_em/creation-cabinet-avocats/.

[5]Susskibd. R., *The End of Lawyers ? Rethinking the Nature of Legal Services*, Oxford, Oxford University press, 2e édition, 2010, 269p.

interrogés ont affirmé avoir utilisé les réseaux sociaux afin de rechercher leur avocat[1]. Loin d'être anecdotique, cette pratique des clients existe bel et bien et sera amenée à se développer durant les prochaines années. Ce changement des mentalités des clients impose désormais de plus en plus une présence et une utilisation des réseaux sociaux pour les avocats. Et cela tend à se traduire déjà en pratique. En effet, il y a eu une véritable prise de conscience chez les avocats des potentialités offertes par les réseaux sociaux en termes d'augmentation de leur visibilité. Selon une étude interrogeant notamment des avocats ayant pour clients des entreprises et des collectivités, 47% d'entre eux ont déjà entrepris d'être actifs sur les plateformes afin que le cabinet puisse être identifié par de nouveaux clients[2]. Toutefois, il semble nécessaire d'ajouter qu'une simple présence ne peut suffire. Encore faut-il à l'avocat *« d'avoir une présence sur les réseaux sociaux avec une communication régulière »*[3].

Dans une suite logique, les plateformes peuvent également être perçues comme un outil de fidélisation de la clientèle pour un avocat ou un cabinet. En effet, *« Il s'agit donc de s'assurer de leur fidélité, en gardant le contact avec eux, en se tenant, par exemple, au courant de leur évolution professionnelle, ou en leur adressant des*

[1]Étude OpinionWay pour le CNB – De la relation à l'expérience client– 13 décembre 2022, [consulté le 10 mars 2024] : https://www.cnb.avocat.fr/sites/default/files/documents/cnb_etude_experience_clients_resultats.pdf.
[2]Étude OpinionWay pour le CNB - Etude Expérience Clients - Volet Entreprises et Collectivités – Avocats, 7 septembre 2023[consulté le 10 mars 2024] https://www.cnb.avocat.fr/fr/actualites/de-la-relation-lexperience-client-lobservatoire-nationale-du-cnb-lance-une-etude-intitulee-de-la.
[3]Podcast Lexis Info, Avocats : comment repenser la relation client ? avec S. Ferry, op. cit.

informations susceptibles de les intéresser »[1]. Dès lors, les plateformes viennent faciliter, à n'en pas douter, le maintien des relations entre les avocats et leurs clients, postérieurement à la résolution d'une affaire. Après quoi, un client qui pourra continuer de suivre l'avocat et son activité aura plus de chances de revenir vers lui en cas de nouvelles difficultés. Ainsi, les barrières de l'avocat dans le développement de sa clientèle sont amenées de plus en plus à disparaître par sa présence sur les réseaux sociaux. Au-delà de la simple visibilité auprès des *prospects*, les réseaux sociaux permettent en outre aux avocats d'exister et de se faire connaitre auprès des confrères[2]. Ces derniers seront alors à même de rediriger les clients, pour lesquels ils ne s'estiment pas assez compétents dans les matières concernées, vers l'avocat qu'ils connaîtront du fait de plateformes.

Enfin, il ne faut pas négliger une autre opportunité pour les avocats et les cabinets présents sur les réseaux sociaux : celle de faciliter et d'aider le recrutement entre avocats. En effet, les problématiques de recrutement existent depuis de nombreuses années[3]. Une étude réalisée en 2023 montre que 73% des avocats interrogés ont des difficultés à recruter des collaborateurs ou des associés. Et 52% de ces mêmes avocats déclarent aussi avoir des difficultés à recruter des élèves-avocats[4]. Or, il apparait que la présence sur les

---

[1]Wickers. T., « La relation avocat-client à l'âge de l'expérience », *Revue pratique de la prospective et de l'innovation*, n° 2, novembre 2021, p. 9.

[2]Forner-Ordioni. E., « Avocats - Génération Twitter », *JCP G*, n° 52, décembre 2011.

[3]Kebede. E., « Comprendre les ressorts de la nouvelle génération d'avocats : une stratégie gagnante », *Revue pratique de la prospective et de l'innovation*, n° 2, novembre 2022, p. 52.

[4]Étude Observatoire du Conseil National des Barreaux – Emploi et recrutement – 8 septembre 2023 [consulté le 10 mars 2024].

réseaux sociaux de ces professionnels qui souhaitent recruter semble là encore difficilement contournable. En cela, *« Les réseaux sociaux offrent le moyen de promouvoir une identité professionnelle et/ou des compétences (...) en vue de possibles associations ou collaborations »*[1]. D'aucuns se prêtent à dire qu'un *« cabinet qui n'a pas une identité numérique (site Internet ou réseau social actif) est inexistant aux yeux d'une jeune génération »*[2]. Être présent sur les réseaux sociaux pourra aussi permettre aux avocats et aux cabinets de se démarquer des leurs confrères afin de pouvoir recruter plus facilement.

Pour illustrer ces nouvelles possibilités offertes aux avocats et aux cabinets par les réseaux sociaux, en termes de développement de la clientèle, il convient de prendre pour exemple maître Charles Simon, avocat au barreau de Paris. Il reconnait notamment le fait que sa présence sur les plateformes n'a pas été vaine sur la question de l'acquisition de nouveaux clients. A l'aide du réseau social LinkedIn, qu'il alimente deux fois par semaine, ce dernier précise que son compte lui a permis d'obtenir un nouveau client en 2019, deux autres en 2020 et trois nouveaux clients en 2021-2022. Cette présence et cette activité sur les réseaux lui ont notamment permis de dégager un chiffre d'affaires net de 18 000 euros depuis la création de son compte en 2019[3]. L'ensemble de ces chiffres peut se montrer encourageant pour les avocats. Autant d'éléments qui doivent non seulement inviter les avocats à s'investir

---

[1]Féral-Schuhl. C, « Avocat et réseaux sociaux », *Archives de philosophie du droit*, vol. 64, no. 1, 2022, pp. 373-382.

[2]Kebede. E., « Comprendre les ressorts de la nouvelle génération d'avocats : une stratégie gagnante », *Revue pratique de la prospective et de l'innovation*, n° 2, novembre 2022, p. 52.

[3]@ Charles Simon sur LinkedIn, à l'occasion de sa publication du 27 février 2024 et à travers laquelle il partage son expérience et ses conseils dans l'utilisation dudit réseau social.

davantage sur les réseaux sociaux, mais aussi qui démontrent à tout un chacun la pertinence d'une telle présence.

En outre, les réseaux sociaux deviennent également de véritables outils offerts aux avocats dans la construction de leurs stratégies de défense. En cela, les plateformes laissent l'opportunité aux avocats d'étudier et d'en apprendre davantage sur l'environnement des affaires dans lesquelles ils interviennent en qualité de conseil. En effet, le déroulé d'un procès peut se résumer de la sorte. Une fois portée devant le juge, la contestation va être débattue par les avocats, défendue contradictoirement. Et ce, afin qu'*in fine*, le juge donne raison à l'une ou l'autre des parties. Ainsi, l'une des missions les plus importantes de l'avocat est celle de convaincre le juge. Mais en réalité, ce travail se retrouve incontestablement tributaire de l'aléa judiciaire. C'est ainsi que nombre d'avocats attachent une importance toute particulière à la connaissance du juge qui va statuer sur leur dossier, de sa personnalité. Cela peut être vrai aussi pour l'avocat qui est amené à plaider dans une autre région, autre que celle de son Barreau. Le juge étant un humain avant tout, il est loisible pour l'avocat de vouloir connaitre le plus d'informations à son sujet, de connaitre ses éventuelles préférences, ses sentiments sur tel ou tel point d'actualité, ses sensibilités ou encore même ses pratiques juridictionnelles. Cette démarche s'inscrit bien évidemment dans un objectif certain de le convaincre et d'obtenir gain de cause à son client. Avant même l'apparition des réseaux sociaux, des pratiques existaient et permettaient à l'avocat de se renseigner en amont. Auparavant, nombre d'avocats n'hésitaient pas à communiquer avec d'autres confrères qui connaissaient les juges afin de rechercher ce genre d'informations. Toutefois, des limites importantes restaient attachées à cette pratique. Le manque de fiabilité occupait la première place. Néanmoins, avec les réseaux sociaux, toutes ces contraintes peuvent se retrouver anéanties. Comme l'affirment certains, *« le magistrat doit avoir conscience que les nouvelles stratégies judiciaires sont largement fondées sur son environnement numérique »*[1], et ce dès lors que le magistrat est présent sur les réseaux sociaux. Aujourd'hui, une simple photo *« permet d'identifier l'ensemble des réseaux sociaux détenus par cet utilisateur »*[2]. Ainsi, par une étude scrupuleuse des potentiels profils du magistrat, de ses interactions, de ses réactions sur les différentes plateformes, de ses abonnements ou amis, l'avocat peut donc, au travers d'informations fiables, se faire une idée de la personne et de la personnalité du magistrat. C'est d'ailleurs ce que constatent certains observateurs qui appellent explicitement les avocats à le faire. Ainsi peut-on lire : *« Il faut aussi prendre en compte la personnalité du juge et l'exploitation des données par le biais des technologies digitales »*. Pour cela, « *il faut examiner les réseaux sociaux, tenir compte des prises de position et des centres d'intérêt du magistrat, et les jugements qu'il a rendus* »[3]. En termes d'illustration, la palette est aussi large en ce que toutes sortes d'informations sont susceptibles d'être présentes sur les réseaux sociaux. Cela peut être une simple publication d'un magistrat qui fait état d'une préférence pour une posture, une pratique particulière à l'audience ou dans la rédaction des conclusions. Alors l'avocat aura tout intérêt à adopter cette pratique ou cette posture au moment de plaider son dossier ou de rédiger ses conclusions, et ce afin de mettre

---

[1]Martinon. J., « Le réseau social, faux ami du magistrat judiciaire », *Dalloz IP/IT*, 2019, p. 480.
[2]Beignier. B., Villacèque. J., Volff. J., *Droit et déontologie des magistrats*, Paris, LGDJ, 2022, p. 199.
[3]Teboul. G., « La plaidoirie est-elle un art noble ? », *Dalloz actualité*, 14 février 2024 [consulté le 20 février 2024].

toutes les chances de son côté pour convaincre le juge et tenter de réduire le plus possible l'aléa judiciaire. Les réseaux sociaux peuvent donc assurément être qualifiés d'outils légaux et utiles pour la recherche, par un avocat, d'informations sur un magistrat. Les réseaux sociaux peuvent se présenter comme une aide pour l'avocat dans son choix de défense et dans sa stratégie procédurale. En définitive, il convient de s'intéresser aux propos d'un auteur. *« Je prédis que les avocats qui ne sont pas enclins à changer leurs pratiques de travail (...) devront mener dans la prochaine décennie une âpre lutte pour leur survie »*[1]. Cet auteur parlant ici des évolutions à venir pour les avocats au regard de l'apparition et du développement des innovations technologiques, réseaux sociaux compris, présentait une vision bien pessimiste de l'avenir des avocats. Or, il pourrait s'avérer que sa prémonition soit amenée à devenir réalité. Bien qu'il n'existe pas à ce jour, et fort heureusement, d'obligation pour les avocats d'être présents sur les réseaux sociaux, il n'en demeure pas moins que cette présence est amenée à devenir de plus en plus incontournable et essentielle à tout professionnel qui souhaite se démarquer d'une concurrence toujours plus accrue.

---

[1]Susskibd. R., The End of Lawyers ? *Rethinking the Nature of Legal Services*, Oxford, Oxford University press, 2e édition, 2010, 269p.

CONCLUSION

Vingt ans après l'apparition des premiers réseaux sociaux sur internet, la présence des avocats et des magistrats sur lesdits réseaux, ainsi que l'utilisation qu'ils en font, sont toujours l'objet de vastes polémiques. Alors que certains vantent les mérites d'une telle présence pour les effets bénéfiques des réseaux sociaux, notamment pour la communication, l'image de l'institution judiciaire et celle de la profession d'avocat, d'autres, en revanche, se veulent plus mesurés mettant en garde contre les écueils des réseaux sociaux, pouvant mettre en danger les professionnels.

Les arguments au sujet de la question de l'utilisation des réseaux sociaux par les avocats et les magistrats, qu'ils soient positifs ou négatifs, ont évolué en même temps que l'évolution des plateformes. Plusieurs facteurs peuvent être mis en avant pour tenter d'expliquer ces deux prises de position, comme notamment le facteur générationnel ou encore le facteur géographique. Ce débat sera sans doute amené, dans les années à venir, à s'amplifier dans les deux sens, tant de nouvelles plateformes et de nouvelles fonctionnalités pourront être offertes aux utilisateurs.

Cette contribution n'a pas vocation à mettre un terme à la discussion en cours, mais elle s'est voulue objective afin de mettre en lumière une situation complexe pour les professionnels du droit que sont les avocats et les magistrats. En effet, la régulation de l'exposition et de l'usage des réseaux sociaux par ces professionnels apparait encore en cours de construction. Malgré cela, il semble qu'il faille admettre l'existence de quelques avancées, ces dernières années, pour tenter d'établir une sorte de régime juridique modernisé et applicable à une telle présence. Les efforts qui ont été accomplis en la matière, permettant la mise en place d'un accompagnement en amont des professionnels, par la formation et les avis des organes professionnels, ainsi que la mise en place d'une responsabilisation en aval, par le possible engagement de la responsabilité civile et pénale des magistrats et des avocats, peuvent en témoigner.

Toutefois, il n'en demeure pas moins que subsistent encore de nombreuses zones d'ombres sur de nombreuses questions pratiques. A cet égard, nul doute que la déontologie des magistrats et des avocats sera amenée à évoluer ces prochaines années pour développer la régulation de l'usage des réseaux sociaux par ces derniers. Peut-en témoigner le projet de la future Charte de déontologie des magistrats de l'ordre judiciaire prévue par la loi organique du 20 novembre 2023. Cette dernière promet notamment de s'intéresser davantage à la question des réseaux sociaux en comparaison avec le texte actuel. Dans cette perspective, la future Charte pourrait-elle être une source d'inspiration et être un vecteur de dynamisme pour améliorer la déontologie des avocats et celle des magistrats administratifs sur le sujet ?

INDEX

Bibliographie

I- Traités et manuels

Beignier. B., Villacèque. J., Volff. J., *Droit et déontologie des magistrats*, Paris, LGDJ, 1er édition, 2022, 339p.

Bénabent. A., *Droit des obligations*, Issy-Les-Moulineaux, LGDJ, 18e édition, 2019, 744p.

De Lamaze. E. et Pujalte. C., *L'avocat, le juge et la déontologie*, Paris, Presses Universitaires de France, 1er édition, 2009, 267p.

Malaba. V., *Droit pénal spécial*, Paris, Éditions Dalloz, 9e édition, 2020, 703p.

Moret-Bailly. J. et Bortoluzzi. J., *Déontologie de l'avocat*, Paris, Presses Universitaires de France, 1er édition, 2023, 299p.

Noreau. P. et Bernheim. E., *La déontologie judiciaire appliquée*, Montréal, Wilson & Lafleur, 4e édition, 2018, 405p.

Perreux. E., « Enseigner l'éthique et la déontologie aux futurs magistrats », *Les cahiers de la justice Dalloz*, 2018, p267.

Perrot. R., Beignier. B., Miniato. L., *Institutions judiciaires*, Paris, LGDJ, 18e édition, 2020, 596p.

Renucci. J-F., *Droit européen des droits de l'homme,* Paris, Lextenso, 9e édition, 2021, 630p.

Susskibd. R., *The End of Lawyers ? Rethinking the Nature of Legal Services*, Oxford, Oxford University press, 2e edition, 2010, 269p.

Terré. F., Molfessis. N., *Introduction générale du droit*, Paris, Dalloz, 13e édition, 2021, 829p.

II- Monographies et thèses

Assier-Andrieu. L., *Les avocats. Identité, culture et devenir*, Paris, Lextenso éditions, 2011, 189p.

Boursin. L., Puyfaucher. L., *Le média humain – dangers et opportunités des réseaux sociaux pour l'entreprise*, Paris, Eyrolles, 2011, 241p.

De Lamaze. E et Pujalte. C., *L'avocat, le juge et la déontologie*, Paris, Presses Universitaires de France, 2009, 267p.

Garapon. A., Allard. J., Gros. F., *Les vertus du juge*, Paris, Dalloz, 2008, 184p.

Netter. E., *La liberté d'expression sur les réseaux sociaux en droit français*, Cergy, HAL, 2014, 28p.

III- Articles / Chroniques

Badonneau. M., « Réseaux sociaux et pouvoir judiciaire : la nécessaire « incarnation » ? », *Dalloz actualité*, 30 octobre 2019 [consulté le 2 novembre 2023].

Babonneau. M., « Réseaux sociaux d'avocats, une nouvelle occasion pour la profession de se quereller », *Dalloz actualité*, 6 novembre 2013 [consulté le 15 octobre 2023].

Badr. Y., « L'institution judiciaire doit investir les réseaux sociaux », *Acteurs publics*, novembre 2022, pp. 52-57.

Berlaud. C., « Panorama de jurisprudence de la Cour de cassation, discipline de l'avocat et amis des réseaux sociaux », *Gaz. Pal.*, n° 3, janvier 2017, p. 46.

Bigot. T., « Loyauté d'un magistrat du parquet qui s'affranchit des orientations de politique pénale », *Dalloz actualité*, mai 2021, [consulté le 2 novembre 2023].

Bloch. A., « Pour la première fois de l'histoire, le CSM sanctionne un magistrat sur saisine directe », *Dalloz actualité*, 19 juin 2024, [consulté le 30 juin 2024].

Brugère. S., Pitcho. B., « Le secret de l'instruction, l'avocate / l'avocat et la communication dans les médias », *Gaz. Pal.*, n°35, octobre 2022, p. 8.

Brugère. S., Laurent. J., « Déontologie, médias et réseaux sociaux », *Gaz. Pal.*, n°29, août 2021, p. 19.

Brugère. S., Ganier-Raymond. N., « Liberté, respect, confraternité », *Bulletin du Barreau de Paris*, octobre 2020.

Brunaux. G., « Réseaux sociaux et professionnels du droit : le risque disciplinaire », *Dalloz IP/IT, 2019*, p. 476.

Brunet.L., « Diffamations et injures sur internet : les réseaux sociaux, zones de non-droit ? », *AJCT,* 2019, p. 79.

Creux-Thomas. F., « L'avocat, un influenceur qui s'ignore ? », *JCP G*, n° 37, 2023, p. 1581.

De Belaval. B., « Avocat influenceur, des pratiques en devenir périlleuse », *Gaz. Pal.*, n°20, juin 2022, p. 14.

Defferrard. F., « Réseaux sociaux et professionnels du droit : le risque pénal », *Dalloz IP/IT*, 2019, p. 471.

Desgens-Pasanau. G., « L'obligation d'impartialité du juge à l'épreuve des réseaux sociaux », *Dalloz IP/IT*, 2017, p. 350.

Dufour. O., « Les tribulations du téléphone portable à l'audience », *Gaz. Pal.*, n°21, juin 2016, p. 8.

Dufour. O., « Magistrature, la tentation du repli ? », *Gaz. Pal.*, n°5, février 2019, p. 9.

Dufour. O., « Twitter est incompatible avec les devoirs du magistrat », *LPA*, n°94, mai 2014, p. 4.

Dupuy. C., « Indépendance de la justice : opposition des policiers et des magistrats sur l'affaire de la BAC Sud de Marseille », *Gaz. Pal.*, n°27, septembre 2023, p. 12.

Enkaoua. C., « Avocats et réseaux sociaux : une communication à encadrer », *Gaz. Pal.*, n°12, 4 avril 2023, p. 3.

Féral-Schuhl. C., « L'influence des réseaux sociaux sur le droit ? », *Dalloz IP/IT*, 2022, p. 177.

Féral-Schuhl. C., « Avocat et réseaux sociaux », *Archives de philosophie du droit*, vol. 64, n° 1, 2022, pp. 373-382.

Forner-Ordioni. E., « Avocats - Génération Twitter », *JCP G*, n° 52, décembre 2011.

Fourrey. T., « Twitter et le droit de la presse », *RLDI*, n° 109, 2014, p. 67-70.

Gaineton. J-L., « Avocats, magistrats et univers numérique, entre magie maléfique et amitié vraie », *Gaz. Pal.*, n°21, juin 2017, p. 28.

Garnerie. L., « La justice se dévoile sur Twitter », *Gaz. Pal.*, n°36, octobre 2018, p. 8.

Garnerie. L., « Communication des magistrats : le garde des Sceaux demande son avis au CSM », *Gaz. Pal.*, n°18, mai 2023, p. 7.

Gautier. P-Y., « Des rapports consubstantiels entre éthique et réseaux sociaux », *Dalloz IP/IT*, 2022, p. 183.

Gicquel. J., « Twitter ou juger », *JCP G*, mai 2014, p. 604.

Guigou. E., « Présentation du rapport sur la présomption d'innocence », *D.*, 2021, p. 2224.

Heinich. L., Bisaccia-Bernstein. D., Bourdié. K., Lepetit. C., « L'avocat et sa parole », *Revue pratique de la prospective et de l'innovation Lexis Nexis*, n° 2, novembre 2022, p. 55.

Henry. P., « Rien n'est plus pernicieux pour les avocats que la fréquentation des juges… », *Gaz. Pal.*, n°284, octobre 2014, p. 13.

Kebede. E., « Comprendre les ressorts de la nouvelle génération d'avocats : une stratégie gagnante », *Revue pratique de la prospective et de l'innovation*, n° 2, novembre 2022, p. 52.

Lantero. C., « Le juge administratif sur les réseaux sociaux », *JCP admin. et coll. territoriales*, n° 3, Janvier 2022, p. 1.

Lebescond. A., « Communication des avocats sur internet - Questions à Christiane Féral-Schuhl », *La lettre juridique*, mars 2010.

Le Metayer. L., « Les avocats et les réseaux sociaux font-ils bon ménage ? », *Lexbase*, 2 janvier 2020, p. 1.

Le Quellenec. E., « Utilisation des réseaux sociaux par les avocats, quelles règles applicables ? », *Comm. com. Électr*, n°11, étude 19, 2013.

Maduraud. A-L., « La justice mise à l'épreuve par les réseaux sociaux », *Délibérée*, n°9, 2020, p. 41.

Martineau. F., « Indépendance de la justice, indépendance du magistrat », *Gaz. Pal.*, n°8, février 2021, p. 3.

Martinon. J., « Le réseau social, faux ami du magistrat judiciaire », *Dalloz IP/IT*, 2019, p. 480.

Maurel. E., « Savoir-faire et faire savoir », *Gaz. Pal.*, n°33, octobre 2023, p. 1.

Perreux. E., « Enseigner l'éthique et la déontologie aux futurs magistrats », *Les cahiers de la justice Dalloz*, 2018, p. 267.

Perrot. P., « Le droit bousculé par les réseaux sociaux : l'exemple de la loi n° 2021-1109 du 24 août 2021 confortant le respect des principes de la République », *Dalloz IP/IT*, 2022, p. 192.

Ramond. D., « Liberté d'expression. Le temps d'en parler », *Raisons politiques*, no. 3, 2016, pp. 5-11.

Tarlet. F., « L'addiction des administrations aux réseaux sociaux », *Revue de droit administratif*, n°5, mai 2023, p. 3.

Teboul. G., « La plaidoirie est-elle un art noble ? », *Dalloz actualité*, 14 février 2024 [consulté le 20 février 2024].

Thierry. G., « Comment les procureurs s'emparent avec précaution de Twitter », *Dalloz actualité*, 29 juin 2021 [consulté le 2 novembre 2023].

Valton. V., « L'exigence d'impartialité des juges à l'épreuve des réseaux sociaux », *Revue de l'Union Syndicale des Magistrats*, n°430, mars 2020, p. 6.

Vettes. M., « Avocats, médias et réseaux sociaux : pourquoi faire ? », *Revue pratique de la prospective et de l'innovation Lexis Nexis*, N° 2, novembre 2023, p. 50.

Von der Weid. G., « Quelle justice sur les réseaux sociaux ? », *Les Cahiers de la Justice*, vol. 3, n°3, 2017, pp. 521-529.

Wickers. T., « La relation avocat-client à l'âge de l'expérience », *Revue pratique de la prospective et de l'innovation,* n° 2, novembre 2021, p. 9

IV- Encyclopédies et dictionnaires

Alland. D. et Rials. S., Dictionnaire de la culture judiciaire, 1er édition, *collection PUF*, octobre 2003.

Belfanti. L., Répertoire de procédure civile Dalloz, Magistrats, novembre 2018.

Cornu. G., Vocabulaire juridique, 10e édition, *collection PUF*, janvier 2014.

Puigelier. C., Dictionnaire juridique, 3e édition, *collection Paradigme*, août 2020.

Taisne. J-J. et Douchy-Oudot. M., Répertoire de procédure civile Dalloz, Avocat, avril 2018.

V- Rapports et avis

Avis de la formation plénière du Conseil supérieur de la magistrature du 13 décembre 2023.

Avis de la commission d'enrichissement de la langue française du 19 septembre 2017.

Groupe de travail « article 29 sur la protection des données, Avis 5/2009 sur les réseaux sociaux en ligne », Comité Européen de protection des données, 12 juillet 2009.

Guide sur la « communication des tribunaux et autorités judiciaires de poursuite pénale avec le public et les médias »,

Commission européenne pour l'efficacité de la justice, 4 décembre 2018.

Guide Pratique « Médias et réseaux sociaux », Barreau de Paris, 2023.

Rapport « rendre la justice aux citoyens », Comité des états généraux de la justice, avril 2022.

Rapport de la mission « Régulation des réseaux sociaux – Expérimentation Facebook », Secrétaire d'État en charge du numérique, mai 2019.

Rapport « les obstacles à l'indépendance du pouvoir judiciaire », Commission d'enquête de l'Assemblée Nationale, septembre 2020.

Rapport du groupe de travail sur la présomption d'innocence « la présomption d'innocence : un défi pour l'État de droit », octobre 2021.

Rapport sur l'état de la menace informatique contre les cabinets d'avocats, Agence Nationale de Sécurité des Systèmes d'Information, 27 juin 2023.

Rapport d'activité du collège de déontologie 2022-2023.

Rapport d'activité du Conseil Supérieur de la Magistrature, 2018, p175.

VADE-MECUM « la communication de l'avocat », Conseil National des Barreaux, 3e édition, octobre 2023.

VI- Sitographie

Podcast Lexis Info, Avocats : comment repenser la relation client ? avec S. Ferry, présidente de la commission Prospective et Innovation du CNB Publié en septembre 2023 [écouté le 1er novembre 2023] :
:https://www.lexisnexis.fr/ressources/podcasts/lexisinfo-repenser-relation-client-sophie-ferry

Podcast France Culture, Avocats et magistrats sur les réseaux sociaux : communication ou desymbolisation ? Publié le 24 novembre 2021 [écouté le 21 septembre 2023] : https://www.radiofrance.fr/franceculture/podcasts/esprit-de-justice/avocats-et-magistrats-sur-les-reseaux-sociaux-communication-ou-desymbolisation-9039482

We are social - une agence conseil en communication née de l'ère du web social [consulté le 1er octobre 2023] : https://wearesocial.com/fr/blog/2023/07/les-derniers-chiffres-du-numerique-juillet-2023/

Sondage Institut Français de l'Opinion publique, « Les Français et la justice », octobre 2019 [consulté le 20 octobre 2023] : https://www.ifop.com/wp-content/uploads/2019/10/116723-Rapport-LEX.pdf

Rédaction Gazette du Palais, rubrique actualités professionnelles, « CNDA : un magistrat écarté de ses fonctions en raison de ses publications sur les réseaux sociaux », 26 octobre 2023 [consulté le 3 novembre 2023] :https://www.gazette-du-palais.fr/actualites-professionnelles/cnda-un-magistrat-ecarte-de-ses-fonctions-en-raison-de-ses-publications-sur-les-reseaux-sociaux/

Rédaction Gazette du Palais, rubrique actualités professionnelles, « Motion de soutien en faveur de l'avocat David Metaxas », 9 février 2023 [consulté le 20 janvier 2024] : https://www.gazette-du-palais.fr/actualites-professionnelles/motion-de-soutien-en-faveur-de-lavocat-david-metaxas/

Rédaction de France Info, « Meurtre de Matisse de Châteauroux : la cour d'appel de Bourges dénonce des "propos haineux et menaçants" contre une magistrate sur les réseaux sociaux », le 1er mai 2024 [consulté le 30 juillet 2024] : https://www.francetvinfo.fr/faits-divers/meurtre-de-matisse-de-chateauroux-la-cour-d-appel-de-bourges-denonce-des-propos-haineux-et-menacants-contre-une-magistrate-sur-les-reseaux-sociaux_6519698.html

Stive. M, « Attentat contre Charlie Hebdo : un cabinet d'avocats piraté, des éléments du dossier publiés sur Internet », France Info, le 23 novembre 2021 [consulté le 20 février 2024] : https://www.francetvinfo.fr/economie/medias/charlie-hebdo/info-franceinfo-attentat-contre-charlie-hebdo-un-cabinet-d-avocats-pirate-des-elements-du-dossier-publies-sur-internet_4856149.html

Campagne de communication du Conseil National des Barreaux autour du rôle de l'avocat pour les enfants, le 20 octobre 2023 [consulté le 10 février 2024] : https://www.cnb.avocat.fr/fr/actualites/lancement-dune-campagne-nationale-autour-du-role-de-lavocat-pour-les-enfants.

Catalogue de formation continue 2024, École Nationale de la Magistrature [consulté le 10 février 2024] : https://www.enm.justice.fr/api/getFile/sites/default/files/2023-07/Catalogue_FC_2024_BD.pdf

Commission règles et usages CNB [consulté le 10 février 2024] : https://www.cnb.avocat.fr/avis-deontologiques-recommandations

Syndicat de la justice administrative – rapport sur le conseil supérieur des tribunaux administratifs et des cours administratives d'appel du 12 mars 2024 [consulté le 25 mars 2024] :http://lesja.fr/images/fichiers/cr/2024.03.12_SJA_-_PCM_CSTACAA_mars_2024.pdf

École des avocats Sud-Ouest Pyrénées, [consulté le 10 février 2024] :https://www.calameo.com/read/00464015510a9b18dd5bc?page=3.

Haute école des avocats conseil, [consulté le 10 février 2024] : https://hedac.fr/images/INSCRIPTION/PROMO2023/Programme_HEDAC_2023.pdf.

Agence de conseil en communication Eliott – Markus [consulté le 15 mars 2024] :
https://www.eliott-markus.com/made_in_em/creation-cabinet-avocats/.

Étude OpinionWay pour le CNB - Étude Expérience Clients - Volet Entreprises et Collectivités – Avocats, 7 septembre 2023 [consulté le 10 mars 2024] :
https://www.cnb.avocat.fr/fr/actualites/de-la-relation-lexperience-client-lobservatoire-nationale-du-cnb-lance-une-etude-intitulee-de-la.

Étude OpinionWay pour le CNB – De la relation à l'expérience client– 13 décembre 2022 [consulté le 10 mars 2024] :
https://www.cnb.avocat.fr/sites/default/files/documents/cnb_etude_experience_clients_resultats.pdf.

Étude Observatoire du Conseil National des Barreaux – Emploi et recrutement – 8 septembre 2023 [consulté le 10 mars 2024] :
https://www.cnb.avocat.fr/fr/etudes-observatoire/photographie-du-marche-de-lemploi-pour-la-profession-davocat-en-2023.

Sondage « Le rapport des français à la justice », co-réalisé par le Consumer Science and Analytics et le Sénat, septembre 2021, [consulté le 7 mars 2024] :
https://www.senat.fr/fileadmin/import/files/fileadmin/Fichiers/Images/redaction_multimedia/2021/2021-Documents_PDF/20210928_Rapport_complet_CSA.pdf.

Enquête « les Français et la fatigue informationnelle », Fondation Jean Jaurès et observatoire société et consommation, août 2022 [consulté le 27 février 2024] : https://www.jean-jaures.org/wp-content/uploads/2022/07/fatigue-informationnelle.pdf.

Table des matières

Structures éditoriales du groupe L'Harmattan

L'Harmattan Italie
Via degli Artisti, 15
10124 Torino
harmattan.italia@gmail.com

L'Harmattan Hongrie
Kossuth l. u. 14-16.
1053 Budapest
harmattan@harmattan.hu

L'Harmattan Sénégal
10 VDN SICAP AMITIE 3
BP 45034 Dakar-Fann
direction@senharmattan.com

L'Harmattan Cameroun
Tsinga/Derrière polyclinique FECAFOOT
BP 11486 Yaoundé
Jacques.koukam@harmattan.fr

L'Harmattan Burkina Faso
Villa 281, secteur 23 623, rue 14.32
Ouagadougou
zagbie@outlook.fr

L'Harmattan Guinée
Almamya, rue KA 028 OKB Agency
BP 3470 Conakry
harmattanguinee@yahoo.fr

L'Harmattan RDC
185, avenue Nyangwe
Commune de Lingwala – Kinshasa
matangilamusadila@yahoo.fr

L'Harmattan Congo
219, avenue Nelson Mandela
BP 2874 Brazzaville
deunovmikhael@gmail.com

L'Harmattan Mali
Immeuble Mgr Jean Marie Cissé
Aci Hamadallaye
BP 145 Bamako
syllaka@yahoo.fr

L'Harmattan Togo
Djidjole – Maison Amela
face EPP BATOME
02 BP 20680 Lomé
didieramela11@gmail.com

L'Harmattan Côte d'Ivoire
Résidence Karl – Cité des Arts
Abidjan-Cocody
03 BP 1588 Abidjan
harmattan.ivoire@gmail.com

L'Harmattan Bénin
Rue 604, (Immeuble à l'entrée
de la rue UCAO- Cite de Saint-Jean)
Cotonou
stepcorpus@gmail.com

Nos librairies en France

Librairie internationale
16, rue des Écoles
75005 Paris
librairie.internationale@harmattan.fr
01 40 46 79 11
www.librairieharmattan.com

Librairie des savoirs
21, rue des Écoles
75005 Paris
librairie.sh@harmattan.fr
01 46 34 13 71
www.librairieharmattansh.com

www.ingramcontent.com/pod-product-compliance
Lightning Source LLC
LaVergne TN
LVHW021235061026
849535LV00008B/3058